KB200072

땅의 시간, 하늘의 시간

땅의 시간, 하늘의 시간

지은이 · 조정민
초판 발행 · 2015. 02. 16
23쇄 발행 | 2024. 1. 26.
등록번호 · 제3-203호
등록된 곳 · 서울특별시 용산구 서빙고로 65길 38
발행처 · 사단법인 두란노서원
영업부 · 2078-3333 FAX 080-749-3705
출판부 · 2078-3331

책 값은 뒤표지에 있습니다.
ISBN 978-89-531-2171-3 03230

편집부에서 독자의 의견을 기다립니다.
tpress@duranno.com   http://www.Duranno.com

땅의 시간, 하늘의 시간

조정민 지음

두란노

시간은 선물입니다

젊은 날 저는 언제나 시간에 쫓겼습니다. 늘 바빴습니다. 솔직히 말하면 바쁘게 살아야 제대로 사는 건 줄 알았습니다. 바쁜 것이 성공의 척도라 여겼고, 더 바쁘게 사는 것이 성공의 지름길이라고 생각했습니다. 그렇게 숨돌릴 틈 없이 살다가 어느 날 덜컥 예수님을 만났습니다. 예수님의 생애도 말할 수 없이 바쁘셨습니다. 공생애라고 부르는 메시아의 일상은 늘 사람들과 숨바꼭질하듯 분주했습니다. 그런데 그분의 중심에서 흘러나오는 고요함에 시선이 끌렸습니다. '이분은 대체 어떤 시간을 사셨나?' '어떻게 고작 3년 일하고 다 이루었다고 하시나?' 하는 질문이 마음속에 맴돌았습니다.

어느 날 그 비밀이 파노라마처럼 드러났습니다. 예수님이 인간에게 약속하신 구원의 전경이 펼쳐졌습니다. 그것은 땅의 시간에서 하늘의 시간으로의 초대였습니다. 인간의 시간에서 하나님의 시간으로의 초대였습니다. 크로노스에서 카이로스로의 초대였습니다. 수많은 믿음의 사람들이 그 시간의 강을 건너 잔칫집으로 갔습니다. 우리는 강 건너편의 시간을 '영원'이라고 부릅니다. 영원에서 오신 분이 인간의 시간 안에서 사람들과 함께 이스라엘 땅을 거니셨습니다. 목적은 하나입니다. 인간의 시간과 하나님의 시간의 접속입니다. 예수님은 그 연결점에 십자가를 세웠습니다. 십자가를 넘어서면 누구나 사랑의 노래를 부릅니다. 하나님의 시간 안에서 흘러나오는 기쁨의 찬양입니다.

크리스천이 된다는 것은 시간의 혁명을 경험하는 사건입니다. 그 혁명을 경험한 사람은 더 이상 인간의 시간에 묶이지 않습니다. 더 이상 내 시간을 고집하지 않습니다. 하나님의 시간이 내 안에 흘러드는 만큼 자유합니다. 이 여유, 이 풍성함, 이 너그러움이 신앙의 본질입니다. 그러한 크리스천은 더 이상 주변 사람들을 몰아세우지 않습니다. 시간의 구원은 권력의지로부터의 해방이기 때문입니다. 물론 육신의 목숨이 남아 있는 동안 우리는 여전히 인간의 시간 속을 걸어갑니다. 그러나 순간순간 하늘을 바라보며 하늘의 시간 속을 동시에 걸어갑니다. 크리스천은 하나님의 시간으로의 초대에 응답한 사람이고, 다른 사람들에게 하나님의 시간으로의 초대장을 전하는 사람입니다.

《땅의 시간, 하늘의 시간》은 쉼 없이 달려가는 사람뿐만 아니라 동시에 시간의 긴박감을 놓쳐 버린 사람에게 전하는 예수님의 초대장입니다. 하나님이 왜 시간을 만드셨는지, 왜 사람에게 시간을 선물하셨는지 놀랍기만 합니다. 흘러가는 시간 속에서 영원을 건져 올리도록 허락하신 아버지의 사랑에 감동합니다. 그 사랑 때문에 사람의 시간은 우선순위가 바뀝니다. 마음대로 썼던 시간이 하나님의 시간 안에서 전혀 다른 양과 질의 시간으로 바뀌는 것을 경험합니다. 하나님의 시간 안에서 쓰는 사람의 시간은 새로운 시간입니다.

이 초대장을 누군가에게 전하기에 앞서 제게 먼저 하나님의 시간을 알려 준 아내와 아버지의 새로운 시간 여행을 지켜보며 조용히 기도하는 두 아들에게 고마움을 전합니다.

《WHY JESUS 왜 예수인가?》,《하나님의 뜻은 무엇인가?》에 이어서 이번에 다시 이 초대장을 디자인해 준 두란노 가족에게 더없이 감사합니다. 늘 드러나지 않는 자리에서 향유 옥합을 깨뜨리는 모습이 참으로 아름답고 향기롭습니다. 출간을 응원해 준 베이직교회 성도들과 부족한 사람을 순간순간 일깨워 주는 트위터와 페이스북의 여러 친구들에게도 예수님의 사랑을 담아 이 초대장을 전합니다.

2015년 2월
땅의 시간 속에서 하늘의 시간을 건져 올린 자리에서
조정민

—
—

I

시간을 건져 내라

하나님의 시간은 어떻게 다른가?

에스라서에는 이스라엘 백성이 70년 포로 생활을 마치고 예루살렘으로 귀환하는 이야기가 그려져 있습니다. 말씀을 묵상하면서 저는 귀향에 대해 생각해 보았습니다. 우리가 어디에서 왔는지를 알기에 어디로 돌아가야 할지도 압니다. 귀향해야 한다는 분명한 목적이 있다면 돌아갈 때까지의 지극히 제한적이고 짧은 시간에 무엇을 위해 살고 어떻게 살아야 할지에 대한 보다 구체적인 지침과 방향을 알아야 하지 않겠습니까?

저는 병원에 입원한 성도들을 문병하면서, 또 임종 예배와 장례 예배를 드리면서 크리스천으로 산다는 것의 가장 큰 특징이 '본향을 그리워하는 삶'이라는 생각을 했습니다. 사실 성경은 인간이 본향으로 무사히 귀환할 수 있도록 돕는 것이 목적입니다.

왜 육신의 생명이 다한 고인 앞에서 유족들과 함께 찬양을 합니까? 우리는 그분이 영원의 시간으로 옮겨 갔다는 것을 믿기 때문입니다. 그러므로 믿음은 하나님의 구원이 시간의 구원임을 깨닫게 합니다. 그 시간의 구원 앞에서 우리는 슬픔에 잠기기보다 새로운 소망을

—

—

갖게 되는 것입니다.

하나님은 우리에게 구체적으로 어떤 삶을 요구하십니까? 제가 생각 끝에 얻은 결론이 '시간의 혁명'입니다. 크리스천이 된다는 것은 내 시간에서 하나님의 시간으로 옮겨 가는 것입니다. 크리스천이란 인간의 시간을 넘어 하나님의 시간 속을 걷는 사람입니다.

전혀 다른 차원의 시간이 있다

엡 5:16

세월을 아끼라 때가 악하니라

바울은 이 세상과 이 세대의 본질이 악하다고 강조합니다. 과연 그가 살았던 시대만 악할까요? 지금 이 시대는 선합니까? 상상할 수도 없고 입에 담기도 끔찍한 죄들이 범람하고 있지 않습니까? 과학이 이처럼 발달하고 인간이 참으로 세련된 삶을 사는 것 같지만 인간의 존엄성은 갈수록 땅에 떨어지고 있습니다. 인간은 악합니다. 제 손으로 아무 것도 할 수 없는 아기일 때는 그야말로 천사 같아 보입니다. 그러나 자기를 주장하기 시작하면서부터 누구한테 배워서가 아니라 본능적으로 죄성을 드러내는 것이 우리 인간입니다. 어떤 부모가 큰아들의 몸이 허약해서 태권도를 가르쳤더니 힘이 좀 생기자 동생 때리는 게 일이라고 하소연했습니다. 죄성은 그냥 두면 무한 증식합니다.

바울은 한마디로 이 시대가 악하다고 말합니다. 죄인들의 시대는 어느 때를 막론하고 악했습니다. 이걸 알아야 이 시대를 어떻게 살아가야 할지 알 수 있습니다. 바울은 먼저 이 시대가 악하기 때문에 지혜롭게 살라고 합니다. 지혜롭게 산다는 것이 무엇입니까? 세월을 아끼는 것, 즉 시간을 아끼는 것입니다. 그런데 여기서 '아끼다'는 말의 헬라어는 '구속하다', '속량하다', '구원하다'라는 뜻입니다. 직역하면 '시간을 구원해라, 시간을 건져 내라'입니다. 악한 세상에서 우리가 할 일은 시간을 건져 내는 것입니다.

영어성경은 이 구절을 "Redeem the time"(시간을 구원하라, KJV), "Make the most of the time"(시간을 최선을 다해 써라, NASB), "Make the most of every opportunity"(시간 안에 있는 모든 기회를 놓치지 말고 최선을 다해 붙들라, NIV)로 번역했습니다.

악한 시대, 악한 세상, 악한 때를 살아가면서 우리는 흘러가는 시간 속에서 시간을 건져 내야 한다는 뜻입니다.

구원이란 무엇입니까? 이 세상의 흐름에 몸을 맡기고 떠내려가는 삶이 아니라 시간을 건져 올리는 삶을 사는 것입니다. 그렇게 시간이 구원될 때 질적으로 다른 시간의 혁명을 경험할 것입니다. 영성이란 시간의 혁명이며, 전혀 다른 차원의 시간을 사는 것을 말합니다.

시간에는 두 가지 개념이 있습니다. 물리적인 24시간 속에 일정하게 흘러가는 시간 '크로노스Kronos'와 건져 낸 시간 '카이로스Kairos'입니다. 헬라인들은 시간 개념을 이렇게 구별해서 사용했습니다. 우리는 누구나 하루 24시간을 삽니다. 그러나 이 시간 속에서 건져 올리는 시간이 있고 그냥 흘려보내는 시간이 있습니다. 시간의 강가에 앉아서 하염없이 시간이 흐르는 것을 지켜볼 수도 있고 낚싯대를 가져와서 그 시간을 건져 올릴 수도 있습니다. 건져 낸 시간은 영원으로 옮겨집니다. 건져 낸 시간은 '순간'이라도 영원한 시간이 되는 것입니다.

하나님은 시간을 창조하신 분입니다. 우리는 지구가 한 바퀴 자전하는 것을 24시간이라고 하고, 태양을 한 바퀴 도는 공전을 1년이라고 합니다. 하나님의 시간은 흘러가는 시간, 자전과 공전에 갇힌 시간이 아니라 영원의 시간입니다.

영원이란 시간 밖의 시간입니다. 어쩌면 정지된 것처럼 보이는, 어쩌면 시간 자체가 사라진 것처럼 보이는 시간을 뜻합니다. '영원'은 오랫동안 끝없이 살아가는 무한한 시간을 뜻하는 것이 아니라 하나님과 함께 있는 것입니다. 영원이란 하나님을 아는 것입니다. 예수님은 이 점을 분명히 말씀하셨습니다.

요 17:3
영생은 곧 유일하신 참 하나님과 그가 보내신 자 예수 그리스도를
아는 것이니이다

영생한다는 말은 예수님을 알고 예수님과 함께 지낸다는 의미입니다.
시간의 주인과 함께 지내는 것이 영원한 생명입니다. 육신으로 살아가
는 시간 속에서 영원한 시간으로 우리 자신이 건짐 받은 모습입니다.

하나님 앞에서 새로운 의미와 가치를 지니는 시간이 카이로스입
니다. 우리는 크로노스의 시간을 하나님 안에서 건져 올려서 영원의
시간으로 만들기 위해 이 땅을 살아가는 존재입니다. 그걸 깨닫는 것
이 구원이고 그렇게 살아가는 것이 구원받은 자의 삶입니다.

하나님의 뜻을 알아야 시간을 건진다

시간을 건져 올리고 싶습니까? 사도 바울이 조금 더 구체적으로
말씀합니다.

엡 5:17
그러므로 어리석은 자가 되지 말고 오직 주의 뜻이 무엇인가 이해
하라

흘러가는 시간에 덧없이 내맡기고 살아가는 것, 사람들이 살아가는 방

식대로 사는 것이 바로 어리석은 자의 삶입니다. 세상 사람과 똑같이 살지 마십시오. 이 세상은 기준이 아닙니다.

시간을 건지려면 하나님의 뜻을 알아야 합니다. 그런데 하나님의 뜻을 아는 것은 시간의 주인인 하나님을 아는 것을 말합니다.

우리는 흔히 주관적 시간의 길이를 경험합니다. 어느 날은 하루가 너무 길게 느껴지고 어느 날은 하루가 쏜살같이 지나갑니다. 불편하거나 싫어하는 사람과 같이 있으면 한 시간이 한 달처럼 길게 느껴지지만 사랑하는 사람과 같이 있으면 한 시간이 10분처럼 쏜살같이 흘러갑니다.

우리는 사실 이처럼 각자 다른 시간을 살아갑니다. 24시간은 똑같이 주어지지만 그 속에서 시간을 건지는 사람이 있는가 하면, 시간을 흘려보내는 사람이 있습니다.

예수님은 33년을 사셨습니다. 더구나 공적인 활동은 3년밖에 하지 않으셨습니다. 하지만 그 짧은 시간에 예수님은 해야 할 일을 다 하셨습니다.

구원받은 이후로는 삶의 시간표가 당연히 달라져야 합니다. 아침의 첫 시간을 하나님께 드리면 하루가 변화되는 걸 경험하게 될 것입니다. 아침예배를 드리는 사람의 간증을 들어 보십시오. 그들은 오전을 알차게 사용합니다. 하루를 이틀이나 사흘처럼 삽니다.

불신자들 중에도 죽을힘을 다해 사는 사람들이 있습니다. 그러나 자기 힘으로 죽을힘을 다해 목적을 이뤄 가는 사람의 끝은 전혀 다릅니다. 하나님의 뜻을 모른 채 혼자 열심히 사는 것, 제 욕심과 정욕을 따라 사는 것이 어리석은 삶입니다. 믿는 자라 해도 여전히 물리적 시간과 세상적 시간에 편입되어 살아가면 구별된 삶을 살려야 살 수가 없습니다.

벧전 2:11
사랑하는 자들아 거류민과 나그네 같은 너희를 권하노니 영혼을 거슬러 싸우는 육체의 정욕을 제어하라

베드로는 인생을 깨닫고 나서, 이 세상을 외국인이나 여행자처럼 살아야 함을 깨달았습니다. 그래서 그는 우리에게 '육체의 정욕을 따라 살지 말라, 영혼의 소망을 거스르면서 살지 말라'고 권면했습니다.

어리석은 사람은 이 땅에서 영원히 살 것처럼 행동합니다. 누가복음 12장에 등장하는 어리석은 부자는 큰 수확을 거두어 곡식을 넣어 둘 곳간이 부족할 지경에 이르자 더 크게 지어야겠다고 생각했습니다. 예수님은 비유를 통해 이 부자가 오늘 죽으면 모든 곡식이 누구의 것이 되겠느냐고 묻습니다. 아마도 자녀들의 몫으로 돌아가겠지요. 그러다 서로 더 많이 가지려고 험악하게 싸우게 될 것입니다. 그래도 돈이 없는 것보다 낫다고 생각합니까? 아닙니다. 적게라도 제 힘으로 힘들게 벌면서 사는 것이 물려받은 유산 덕분에 편안하게 죽어 가는 것보다 낫습니다.

예수님의 시선으로 세상을 보라

엡 5:15
그런즉 너희가 어떻게 행할지를 자세히 주의하여 지혜 없는 자같
이 하지 말고 오직 지혜 있는 자같이 하여

성경에는 인간에 대한 이해를 두 유형으로 대비해서 보여 주는 표현
이 많습니다. 가장 대표적인 것이 죄인과 의인입니다. 육신의 사람과
성령의 사람, 율법의 사람과 은혜의 사람, 그리스도에 속한 사람과 세
상에 속한 사람 등이 그것입니다. 그리고 구약에서부터 신약에 이르기
까지 줄곧 대비되는 사람이 지혜로운 사람과 어리석은 사람입니다.

지혜로운 사람은 하나님을 아는 사람, 하나님을 믿으며 거부하지
않는 사람입니다. 그러나 지식과 재산이 많고 유명해도 하나님을 모르
고 거부하는 사람은 어리석은 사람입니다.

바리새인 집안에서 자란 바울은 스스로 하나님을 잘 믿고 잘 안
다고 확신했습니다. 그러나 다메섹 도상에서 예수님을 만나고 보니 자
기가 얼마나 어리석은 자인지 깨닫게 되었습니다. 예수님을 만난 후
지혜로움과 어리석음의 기준이 달라진 것입니다.

바울이 다시 발견한 지혜의 기준은 무엇입니까? '그리스도를 아
는 것'입니다. '지혜 없는 자같이 하지 말고 지혜 있는 자같이 하라'는
말씀은 그리스도를 알아 크리스천답게 살라는 말입니다.

이 세상은 지혜를 갈망합니다. 유대인들은 기적을 찾았고 헬라인

들은 지혜를 찾았습니다(고전 1:22). 헬라인들은 지혜에 대한 갈망이 너무 커서 각종 철학과 학문을 발달시켰습니다. 그러나 많은 지식과 철학적 사변에도 불구하고 그들은 그리스도를 모르기 때문에 어리석은 사람입니다. 처음부터 출발점이 틀렸기 때문입니다.

예수님이 지혜의 원천입니다. 예수님을 따른다는 것은 더 이상 어리석게 살지 않는다는 뜻입니다. 크리스천이라면 더 이상 어리석게 살지 않도록 세심하게 모든 것을 살펴보아야 합니다. 바울은 지혜 없는 사람, 예수님 모르는 사람, 예수님 안 믿는 사람처럼 살지 말고, 지혜 있는 사람, 예수님 아는 사람, 예수님을 믿고 따르는 사람으로서 세상의 실상을 직시하고 어떻게 행할지를 결정하라고 합니다.

바울은 이 시대의 우리를 향해서 묻습니다. 그리스도의 빛에 비춰 이 세상의 실상이 보입니까? 비방과 욕설, 탐욕과 음란이 가득한 실상을 보십니까? 예술과 스포츠에 만연한 우상숭배가 보입니까? 이 현실을 직시하고 있습니까? 유심히 보십시오. 깊이 들여다보십시오. 허상이 아니라 실상을 봐야 합니다. 이 세상은 어디로 가고 있습니까? 이 세상이 추구하고 있는 가치란 대체 어떤 것입니까? 외형이 아니라 내면을 들여다보아야 합니다.

결국 지혜란 예수님이 바라보는 시선으로 이 세상을 바라보는 것입니다.

세상의 종교들은 지혜를 추구합니다. 그러더니 '착하게 살아라', '선행을 쌓아라'는 식의 도덕적인 결론에 이릅니다. 그러면 신이 보답

—

—

할 것이고, 현세가 아니면 내세라도 보답해 줄 것이라고 합니다.

예수님은 도덕에서 출발하지 않습니다. 예수님은 새로운 생명에서 출발하십니다. 전혀 다른 시작입니다.

한 청년이 예수께 묻습니다. 이 청년은 당대의 지성이며 부자이며 종교 지도자입니다.

"어떻게 해야 영생을 얻습니까?"

"네가 거듭나야 한다. 위로부터 새로 태어나야 한다. 새 생명을 받아야 한다."

예수님은 온 세상이 살아 있다고 하나 실은 죽어 있음을 알려 주십니다. 예수님은 지혜롭다고 하는 사람들이 무지하고, 본다고 하는 사람들이 실은 맹인임을 알려 주십니다. 바울이 예수님을 만나고 나서야 비로소 눈에서 비늘이 벗겨졌습니다. 그리고 이 세상의 실상에 눈을 떴습니다.

엡 6:12

우리의 씨름은 혈과 육을 상대하는 것이 아니요 통치자들과 권세들과 이 어둠의 세상 주관자들과 하늘에 있는 악의 영들을 상대함이라

세상은 보이는 것들로 움직이지 않습니다. 세상은 사람이 움직이는 것 같지만 실은 사람의 배후에 있는 세력이 움직입니다.

사도 요한도 세상에 대해 새롭게 눈을 떴습니다. 불철주야 예수

—

—

님을 따라다녔으면서도 세상적인 것을 추구해서 형 야고보와 함께 예수님의 좌우편에 앉게 해달라던 그였습니다. 그런 요한이 예수님이 누구신지를 분명히 안 뒤에 비로소 이 세상이 추구하는 것이 무엇인지를 한눈에 알았습니다.

> 요일 2:16
> 이는 세상에 있는 모든 것이 육신의 정욕과 안목의 정욕과 이생의 자랑이니 다 아버지께로부터 온 것이 아니요 세상으로부터 온 것이라

하나님으로부터 온 것은 하나님께로 돌아가고 땅에서 온 것은 땅으로 돌아갑니다. 크리스천의 정체성은 어디에서 온 것입니까? 예수님에게서 왔습니다. 예수님은 어디서 왔습니까? 하나님으로부터 오셨습니다. 그러면 이 땅을 살아가는 우리가 추구하는 것들은 어디서부터 왔습니까? 세상에서 온 것입니다. 땅의 것들을 가지고는 하나님께로 못 갑니다. 구원이란 아버지께 돌아가는 것입니다. 귀향할 사람은 가져가지 못할 것을 쌓지 않습니다. 짐을 많이 만들지 않습니다. 귀향할 사람은 고향에서 맞아 줄 사람을 가장 그리워합니다.

> 빌 3:20
> 그러나 우리의 시민권은 하늘에 있는지라 거기로부터 구원하는 자 곧 주 예수 그리스도를 기다리노니

—

—

'우리는 하늘에 속한 사람이다, 우리는 천국 시민이다'라는 것이 바울이 깨달은 자기 정체성이었습니다. 그렇기에 하늘에 속한 사람들은 이 땅의 것들로 만족하지도 않거니와 이 땅의 것들을 더 이상 추구하지 않습니다.

우리는 언젠가 본향으로 갑니다. 한국에 사는 미국인들은 그 어떤 사람보다 미국 대통령을 봤으면 할 것이고, 중국 국적의 사람은 중국 주석이 한국에 오는 것을 반가워할 것입니다. 마찬가지로 우리가 만일 하늘의 국적을 가진 시민이라면 당연히 예수 그리스도를 기대하게 됩니다. 핍박 받던 초대 교회 크리스천들이 가장 바라던 소망이 무엇이었겠습니까? "마라나타, 주 예수여 어서 오시옵소서!" 이보다 더 간절한 소망이 어디 있겠습니까? 이 소망은 우리가 사는 세상을 세심히 관찰하고 분명히 알게 된 사람의 고백입니다.

시간을 건져 올리는 사람

예수님은 시간을 건져 올리는 사람을 지혜롭다고 하십니다.

누가복음 16장에는 나쁜 청지기 비유가 나옵니다. 이 청지기의 이름은 김무능이었을 것입니다. 사장이 김무능 이사에게 아무래도 사표를 받아야겠다고 마음을 먹었습니다. 그런데 김무능 이사는 능력은 모자라도 눈치가 빨라서 사장의 심중을 읽어 내고 재빨리 회사 장부를 뒤졌습니다. 그는 회사의 채권 채무 관계를 누구보다 잘 알았습니다.

김무능 이사는 거래 회사 사장들을 차례로 불렀습니다. 그러고는 자기 마음대로 그들이 회사에 갚아야 할 빚을 깎아 주었습니다. "100억을 50억으로 해 주겠다, 10억을 6억으로 깎아 주겠다" 한 것입니다. 세상에, 남의 회사를 거덜 내도 유분수지 이런 악랄한 배임도 없습니다. 김무능 이사가 이렇게 한 데는 나름대로 계산이 있어서입니다. 거래처에게 이 같은 파격적인 혜택을 준다면 설사 회사에서 쫓겨난다 해도 그들이 받은 혜택에 대한 대가로 리베이트를 챙겨 주거나 일자리를 알선해 줄 것이라 생각한 것입니다. 이런 나쁜 사람이 어디 있습니까? 그런데 예수님은 놀라운 말씀을 하십니다.

눅 16:8
주인이 이 옳지 않은 청지기가 일을 지혜 있게 하였으므로 칭찬하였으니 이 세대의 아들들이 자기 시대에 있어서는 빛의 아들들보다 더 지혜로움이니라

처음에 이 말씀을 읽고 이상하게 여기지 않은 사람은 없을 것입니다. 횡령죄, 배임죄를 지은 사람을 지혜롭다고 하지 않나, 오히려 주인이 이 사람을 칭찬하지 않나, 도무지 세상적 기준으로는 이해되지 않습니다. 이때 예수님이 알듯 말듯 한 말씀을 덧붙이십니다.

눅 16:9
내가 너희에게 말하노니 불의의 재물로 친구를 사귀라 그리하면

—

—

그 재물이 없어질 때에 그들이 너희를 영주할 처소로 영접하리라

어떻습니까? 우리가 볼 때 비윤리적이고 비도덕적인 김 이사를 예수님이 칭찬하시는 이유가 무엇입니까? 땅의 것으로 하늘의 것을 구할줄 아는 것이 지혜이기 때문입니다. 물질을 사용해서 관계를 만들 줄아는 것이 지혜의 본질에 속하기 때문입니다. 우리는 이 말씀을 통해시간을 건져 내는 요령을 터득합니다. 영원은 이 육신의 목숨을 써서하나님과의 관계 속으로 들어가는 것입니다.

방탕에서 돌이키라

엡 5:18
> 술 취하지 말라 이는 방탕한 것이니 오직 성령으로 충만함을 받
> 으라

이 말씀으로 위로받는 사람이 많습니다. "봐라. 술 취하지 말라고 했지, 술 마시지 말라고 하지 않았다. 그러니 한 잔 해라"고 말하는 사람이 적지 않습니다.

하지만 바울이 이 말을 하게 된 사회적 배경을 알 필요가 있습니다. 그 당시 그리스도를 믿는 사람과 믿지 않는 사람의 삶을 대비시켜에베소 교회 성도들이 일목요연하게 알 수 있게 하기 위해 이런 표현

—
—

을 쓴 것입니다.

"술 취하지 말라"고 하면서 "이는 방탕한 것"이라고 했습니다. '방탕'은 '건져 올리라'는 말의 반대말입니다. 시간을 건져 올리지 못하고 시간에 푹 빠진 채 사는 걸 방탕이라고 합니다. 그 대표적 삶이 술 마시고 술에 취해 사는 삶이라는 것입니다. 한번 보십시오. 술 취해서 허랑방탕하게 사는 사람이 얼마나 많습니까? 그렇게 인생을 망치는 사람이 얼마나 많습니까? 술에 취하기 시작하면 대부분 음란해지고 방탕하게 됩니다. 헛소리를 하기 시작하고 지키지 못할 약속을 하고 해서는 안 될 일을 합니다.

이 점에서 저야말로 참으로 부끄러운 과거를 갖고 있습니다. 하지만 하나님께서 술에 찌든 사람들에 대해 제가 잘 이해하도록 준비시켰다고 믿습니다. 왜냐하면 희한하게도 전도할 때 제가 제일 다가가기 쉬운 사람이 술로 허랑방탕하게 사는 사람들이기 때문입니다. 반면에 제일 다가가기 힘든 사람이 세상을 너무나 바르게 사는 사람들입니다.

성경은 33년간 술에 취해 산 제게 '방탕하다'고 한마디로 말합니다. 방탕의 원래 뜻은 '구원받지 못했다'는 말입니다. 건져 내지 못해 그냥 어딘가에 빠진 채로 있는 것이 방탕입니다. 그러니 시간을 아끼지 않는 삶은 방탕한 삶입니다.

바울은 술에 취한 상태를 성령에 취한 상태와 대비시키고 있습니다. 술 취함과 성령에 취함은 히죽히죽 웃고 말이 많아지고 노래 부르

—

—

26

는 등 겉으로는 비슷해 보이는 부분이 많습니다.

제자들이 성령으로 충만해져서 밖으로 뛰쳐나왔을 때 사람들은 그들이 술에 취했다고 오해했습니다.

행 2:13
또 어떤 이들은 조롱하여 이르되 그들이 새 술에 취하였다 하더라

그러나 이 둘은 확연히 다릅니다. 하나는 방탕한 삶, 시간을 건져 내지 못하는 삶, 시간 속에 빠져 사는 삶, 절제하지 못하는 삶 그러다가 인생이 끝나는 삶입니다. 그러나 성령 충만한 삶은 깨어 있어서 자기로부터, 시간으로부터, 유한으로부터 건짐 받은 삶, 절제하는 삶입니다.

사도들 역시 이러한 사실을 깨닫고 나서 완전히 새로워진 모습으로 거듭났습니다.

벧전 4:3
너희가 음란과 정욕과 술 취함과 방탕과 향락과 무법한 우상숭배를 하여 이방인의 뜻을 따라 행한 것은 지나간 때로 족하도다

베드로는 '그만큼 했으면 됐다, 더 이상은 안 된다'고 말하고 있습니다. '아직도 미련이 남느냐? 과거로 족하다. 이제 과거를 떨쳐버려라'는 말입니다. 베드로는 자신이 과거에 어떻게 살았는지를 깨닫고 나자 세상의 모습이 보였고, 그러자 더 이상 지혜 없는 자처럼 우상숭배하고 음란과 정욕에 몸을 맡기고 살아선 안 된다는 걸 알았습니다. 크리

스천은 더 이상 과거에 살던 것처럼 살 수도 없고 살아서도 안 되는 사람입니다.

오늘날 우리가 살아가는 모든 영역에서 우상숭배가 일어나고 있습니다. 우리 안에 하나님보다 높아진 모든 것이 우상입니다. 돈이든 자식이든 취미생활이든 그것 없이는 못살겠다고 하는 모든 것이 우상입니다.

베드로는 이제 그러한 것에서 돌이키라고 말합니다. 구원받은 삶이란 잘못된 삶의 방식과 어그러진 시간의 우선순위를 되돌리는 것입니다. 그래서 시간을 어디에 쓰고 우선순위를 어디에 두는지를 보면 그 사람의 영적 상태를 알 수 있습니다.

하나님의 뜻이 무엇인지를 깨달으면 인생이 바뀌고 시간의 배분이 달라집니다. 먼저 추구해야 할 것들이 무엇인지를 알기 때문입니다. 그래서 아침에 신문이나 뉴스를 보기 전에 먼저 말씀을 보아야 합니다. 그래야 하나님의 뜻을 분별하게 됩니다. 하루의 첫 시간을 건져 올려서 그 시간을 영원으로 옮겨 놓는 인생을 살기 시작하십시오. 놀라운 변화가 일어날 것입니다.

어떻게 하면 한 주간의 삶 가운데 시간을 건져 올릴 것인가를 묵상하십시오. 시간을 낚아 올리는 낚싯대가 바로 말씀입니다. 시편 1편은 말씀을 낚아 올리라고 합니다.

복 있는 사람은 악인의 감언이설에 속지 않습니다. 죄인의 길에 서지 않고 오만한 자의 자리에 앉으려고 헤매지 않습니다. 오직 하나님의 말씀을 주야로 묵상하는 삶, 그것이 시간을 낚아 올리는 가장 소중한 방법입니다. 말씀에 낚이면 우리 인생뿐만 아니라 우리를 통해 다른 사람도 건져 올리게 됩니다.

방탕한 시간 속에 시간을 덧없이 흘려보내지 않고 성령 안에서 말씀대로 살려고 몸부림칠 때 물리적 시간의 혁명을 경험할 것이고, 크로노스와 전혀 다른 카이로스의 시간을 살게 될 것입니다. 우리의 그런 모습을 보고 세상 사람들이 건짐 받기를 소망하는 것, 그것이 우리가 이 땅을 살아가는 이유이고 소명입니다.

2

만사에 때가 있다

하나님은 왜 시간 안에 인간을 두셨을까?

인생 커리큘럼을 이해하는 데 있어 '시간'과 '때'는 중요한 키워드 중 하나입니다. 인생은 시간을 따라 흘러갑니다. 저는 앞에서 흘러가는 시간 속에서 그 시간을 건져 올리는 삶을 구원이라고 정의했습니다. 허랑방탕한 인간의 시간에서 영원한 하나님의 시간으로 옮겨 가는 것이 구원의 본질이기 때문입니다. 그렇다면 왜 하나님은 애초에 이 시간 속에 인간을 담으셨을까요? 그리고 어떤 목적으로 인간에게 시간을 주신 걸까요?

언제 인간의 시간이 만들어졌을까?

먼저, 하나님이 천지만물을 창조하신 이야기를 통해서 시간에 대해 알아보고자 합니다. 창세기 1장에 보면, 하나님은 첫째 날 빛과 어둠을 나누고, 둘째 날 물과 물을 나누어 궁창, 즉 광대한 공간인 하늘을 만들고, 셋째 날 물과 땅을 구분해 땅 위의 모든 식물들을 창조하셨

—

—

습니다. 그리고 비로소 넷째 날, 시간을 만드셨습니다. 낮과 밤을 나누고 두 광명체인 해와 달과 다른 별들을 만드신 것입니다.

우리는 창조의 첫째 날에 시간이 생겼다고 생각하지만, 그것은 하나님의 시간, 시간 밖의 시간, 절대 시간에 대한 표현입니다. 그래서 인간은 창세기 1장 1절의 첫 단어 '태초에'라는 시간을 알 수가 없습니다. 도대체 언제가 태초입니까? 과학자들은 "지구의 나이가 46억 년이다", "우주의 나이는 빅뱅 이후 128억 년이다"라고 하지만 생각해 보십시오. 지구의 시간으로 지구 밖의 시간, 인간의 시간으로 하나님의 시간, 절대 시간을 계산해 보겠다는 게 가능할까요? 시간이 흐르고 있는 곳에서 시간이 흐르지 않는 곳의 시간을 계산하는 것이 무슨 의미가 있겠습니까? 태초라고 하는 시간 밖의 시간을 인간의 시간으로 설명하는 것은 어찌 보면 하루살이가 백만 년을 가늠해 보겠다는 것과 다르지 않습니다. 인간의 시간을 가지고 절대 시간을 계측한다는 것은 별 의미가 없습니다.

창세기 1장 14절에 보면 하나님이 인간의 시간을 어떻게 지으셨

—

—

는지 알 수 있습니다.

    ^{창 1:14}
하나님이 이르시되 하늘의 궁창에 광명체들이 있어 낮과 밤을 나
뉘게 하고 그것들로 징조와 계절과 날과 해를 이루게 하라

하나님이 광명체를 만듦으로써 비로소 계절과 날과 해라고 하는 인간
의 시간이 나타납니다. 그리고 이 시간을 주관하는 광명체가 해와 달
입니다.

    ^{창 1:16}
하나님이 두 큰 광명체를 만드사 큰 광명체로 낮을 주관하게 하시
고 작은 광명체로 밤을 주관하게 하시며 또 별들을 만드시고

하나님은 "태초에 빛이 있으라" 하여 빛과 어둠으로 나누신 창조 첫째
날과 달리, 태양과 달을 만듦으로써 밤과 낮이라는 시간을 나누셨습니
다. 넷째 날에 비로소 인간이 사는 시간이 만들어졌습니다. 하나님은
인간에게 시간이라는 환경을 주시고 나서 다섯째 날에 물과 궁창, 곧
바다와 하늘을 채우는 생물을 지으셨고, 여섯째 날에 땅의 생물을 지
으시고 인간을 만드셨습니다.

—

—

'때'는 하나님이 인간에게 반응하는 방식이다

전 3:1
범사에 기한이 있고 천하만사가 다 때가 있나니

전도서는 솔로몬이 노년에 쓴 책입니다. 예나 지금이나 솔로몬만큼 마음껏 부를 누려 본 사람이 있을까 싶습니다. 아버지 다윗에게서 통일 이스라엘을 물려받아 재위 기간 동안 가장 광대한 영토를 확보하였고, 이웃 국가로부터 조공을 받았으며, 1000명이나 되는 아내를 두고 살았습니다. 그런 사람이 노년에 인생의 허무를 깨달았습니다. 그래서 허무라는 주제를 따라가다가 '때'에 대해 이야기합니다. 인간은 시간이라는 유한한 세팅 속에서 살 수밖에 없습니다. 하나님이 시간을 만드셨고, 그 시간 안에 우리를 두셨습니다. 그러면 솔로몬이 말하는 시간은 어떤 의미입니까?

'기한'은 영어로 'season'이고 '때'는 'time'입니다. 기한은 정해진 시간입니다. 때는 정해진 시간을 포함해서 흘러가는 시간, 혹은 어떤 목적을 지닌 시간, 그리고 종말의 시간이 포함됩니다. '기한'보다 광범위한 의미입니다.

때는 히브리어로 '에트'(עת)입니다. 이 단어의 어원은 '아나'라는 동사에서 왔는데, '아나'는 '반응하다, 대답하다, 응답하다, 증거하다'라는 의미입니다. 어원에 비춰 보았을 때 '때'란 하나님께서 인간을 비롯한 피조물에게 대답하고 반응하고 응답하기 위해 주신 선물입니다.

—

—

35

즉 인간에게 반응하는 방식이 시간이라는 겁니다. 시간 안에서만 하나님이 증거될 수 있고 시간 안에서만 인간이 하나님과 교제할 수 있기 때문에 시간을 먼저 만드시고 그 뒤에 인간을 지으신 것입니다.

인간을 비롯해 모든 피조물들은 시간의 틀^{time frame} 안에서만 형태를 드러내 존재할 수 있습니다. 그런데 하나님은 인간 안에 이 한계를 자각하는 지각과 인식을 심어 놓으셨습니다.

전도서 3장 2절 이하의 말씀은 사실 인생의 의미를 알고 싶다면 읽고 또 읽어야 할 말씀입니다. 자신이 누구인지를 쉽게 잊어버리는 인간이 어떤 존재인지를 기억하도록 하기 위해 주신 말씀이기 때문입니다.

전 3:2-8

날 때가 있고 죽을 때가 있으며 심을 때가 있고 심은 것을 뽑을 때가 있으며 죽일 때가 있고 치료할 때가 있으며 헐 때가 있고 세울 때가 있으며 울 때가 있고 웃을 때가 있으며 슬퍼할 때가 있고 춤출 때가 있으며 돌을 던져 버릴 때가 있고 돌을 거둘 때가 있으며 안을 때가 있고 안는 일을 멀리 할 때가 있으며 찾을 때가 있고 잃을 때가 있으며 지킬 때가 있고 버릴 때가 있으며 찢을 때가 있고 꿰맬 때가 있으며 잠잠할 때가 있고 말할 때가 있으며 사랑할 때가 있고 미워할 때가 있으며 전쟁할 때가 있고 평화할 때가 있느니라

이 구절 안에 '때'라는 단어가 무려 28회 반복됩니다. 천하만사에 때가 있는데 하나님께서 이 때 안에서 만사가 경영되도록 하셨다는 것을 기억하라는 의미입니다. 좀 더 구체적으로 살펴보겠습니다.

먼저 날 때와 죽을 때가 있습니다. 빤한 말 같지만, 모든 인생은 여기서 출발합니다. 인생이란 날 때와 죽을 때 사이의 시간입니다. 하나님께서 나서 죽는 동안의 시간을 우리에게 선물로 주셨습니다.

모든 존재하는 것들은 잠시 형상화된 시간 너머의 궁극적인 목적이 있습니다. 가령 벼의 시간은 심을 때와 수확할 때 사이입니다. 그 시간을 산 이후 벼는 쌀이 되어 생명체의 식량이 되는 것처럼, 인간도 시간 너머의 궁극적인 목적이 있습니다. 그러면 인간이 사는 동안은 무엇을 위한 시간입니까? 그것은 잠시 이 세상에 살다가 이후에 영원한 시간에 계신 하나님을 기억하고 하나님께로 돌아가도록 만들기 위함입니다. 그래서 인간은 하나님 안에 있을 때만 시간을 제대로 사용할 수 있습니다. 무엇을 하며 어떻게 살아야 하는지를 알게 되는 것입니다.

그렇다면 인간의 시간이 가지는 의미와 목적은 자명해집니다. 인간이 시간을 선물로 받은 것은 하나님께 감사하고 하나님께 모든 영광을 돌리며 하나님께 돌아가기 위해 준비하는 시간입니다. 이러한 목적과 의미를 안다면 좀 더 잘 먹고 잘사는 게 인생의 목적일 수 없다는 사실을 금방 알게 됩니다. 시간의 마지막 목적을 알지 못하면 허무한 삶을 살게 됩니다.

—
—

인간이 삶의 목적을 잃어버린 까닭은 하나님을 기억하지 못하고 놓쳐 버렸기 때문입니다. 심지어 하나님을 인정하지 않고 대적하는 삶으로 치닫기 때문에 때를 분간하지 못하는 비극적 인생을 살고 있는 것입니다.

전도서는 때의 궁극적인 목적에 대해 계속 질문하고 있습니다.

그런데 "돌을 던져 버릴 때가 있고 돌을 거둘 때가 있으며 안을 때가 있고 안는 일을 멀리 할 때가 있으며"(전 3:5)라는 말은 얼른 이해가 안 됩니다.

이 구절은 당시에 사용하던 관용적 표현입니다. 농경 시대에 농사짓는 땅에 돌을 던진다는 것은 농사를 못 짓게 한다는 뜻입니다. 반면에 돌을 거둔다는 것은 다시 농사를 짓게 된다는 뜻입니다. 즉 '돌을 던진다'는 것은 한 지역을 폐허로 만든다는 뜻이고, '돌을 거둔다'는 것은 반대로 폐허가 된 곳을 다시 재건한다는 뜻입니다. 한편 '안는다'는 전쟁을 끝내고 협상을 시작한다는 뜻이고, '안는 것을 멀리한다'는 협상을 거부한다는 뜻입니다.

또 한 가지, 때와 관련해 우리가 기억할 일은, 이 세상은 영원하지 않다는 것입니다. 번성할 때가 있는가 하면 흔적도 없이 사라질 때도 있습니다. 사랑할 때와 미워할 때가 있으며, 전쟁할 때와 평화할 때가 있습니다. 사랑할 때 미움이 잉태되고 있다는 걸 기억하십시오. 사람과 사람 간의 사랑은 영원하지 않습니다. 마찬가지로 전쟁과 평화 역시 영원하지 않아서 국가 간에 평화로울 때가 있는가 하면 전쟁할 때가 있습니다.

때는 인간임을 기억하라는 명령이다

일하는 자가 그의 수고로 말미암아 무슨 이익이 있으랴 하나님이
인생들에게 노고를 주사 애쓰게 하신 것을 내가 보았노라

전도자는 때에 관한 얘기를 하면서 수고와 이익이라는 반전의 질문을
합니다. 때 안에 있는 인생의 수고와 이익을 따져 보았느냐는 것입니
다. '네가 네 나름대로 죽을힘을 다했을 것이다. 그런데 그 수고로 너
는 대체 얼마나 큰 이익을 보았느냐'고 묻는 것입니다. 오래전 저는 이
질문에 이렇게 대답했습니다.

"25년간 직장생활을 하면서 정말 죽을힘을 다했습니다. 그런데
계산해 보니 남은 게 하나도 없습니다. 이득이 전혀 없습니다. 제 인생
이 부도 직전입니다."

여러분도 이 질문에 솔직하게 대답할 수 있기를 바랍니다. 애쓰
고 수고하는데 남은 게 뭐가 있느냐는 질문에 두루뭉술하게 지나갈
게 아닙니다. 우리 모두는 사실 남은 게 별로 없습니다. 자수성가로 일
군 회사가 하루아침에 무너지는 걸 경험한 사람도 있을 것이고, 가정
이 깨어지는 아픔을 겪은 사람도 있을 것이며, 자식 농사를 다 망친 사

39

람도 있을 것이고, 건강을 잃은 사람도 있을 것이며, 돈도 좀 있고 이름도 알려졌지만 그럼에도 별 만족감이 없는 사람도 있을 것입니다. 남 보기엔 멀쩡하지만 실은 부도 직전에 있을 수 있습니다.

곰곰이 돌아보면 인생의 모든 일이 짐입니다. 일도 짐이고 관계도 짐이고 취미도 짐입니다. 그런데도 모두 이 짐을 좀 더 져 보겠다고 애쓰고 삽니다. 구원이란 이 짐에서 해방되는 것입니다. 내가 더 이상 버틸 힘이 없다고 솔직하게 인정할 때 밖으로부터 오는 도움의 손길이 하나님의 구원입니다.

그런데 이 구원의 본질은 내 시간으로부터 빠져나오는 것입니다. 내 힘으로 도저히 안 된다는 것을 인정하는 것이 구원의 전제이고, 내 시간에서 누가 건져 주는 것이 구원의 시작입니다.

누가 건져 줄 수 있습니까? 내가 나를 못 건집니다. 내가 나를 구원할 수 있다면 당연히 신앙은 필요 없지요. 그래서 하나님은 스스로 나를 구원하겠다는 사람을 물끄러미 쳐다보십니다. 할 수 있을 때까지 해보라고 기다리십니다.

물에 빠진 사람을 구하려면 그가 더 이상 버둥거리지 않을 때 물에 들어가 구조해야 합니다. 버둥거릴 힘이 남아 있는 사람을 구하겠다고 들어가면 그도 죽고 나도 죽을 수 있습니다. 하나님도 우리가 버둥거릴 때는 잠잠할 때까지 기다리십니다.

탕자의 비유(눅 15:11-32)에 나오는 둘째 아들은 아버지가 살아 있음에도 기어이 유산을 받아 멀리 떠났습니다. 왜 아버지는 그를 말리

—

—

지 않고 떠나게 두었을까요? 말려 봐야 소용없기 때문입니다. 결국 둘째 아들은 세상에 나가 죽을 고생을 한 뒤에 아버지께 돌아왔습니다. 아버지는 아들이 돌아오기를 간절히 기다렸다가 그를 얼싸안으며 반겨 주었습니다.

그럼 집 나간 둘째 아들은 어떤 시간을 보냈습니까? 돈 쓰는 시간을 보냈습니다. 허랑방탕하게 사는 것이 인생이라고 철석같이 믿는 시간을 보냈습니다. 그런데 그 시간은 결국 어떤 시간입니까? 아버지가 누구신지 기억을 되살리는 시간입니다. 아버지는 왜 아들의 허랑방탕한 시간을 내버려둡니까? 하나님은 돈이 중요하지 않기 때문이지요. 그리고 그때를 통해 비로소 인간이 하나님을 기억하기 때문입니다. 돈 떨어지고 내 곁에 있던 사람들 다 떠나가고 내 인생에 아무것도 없다는 걸 깨달을 때 아버지가 생각나는 것이지요. 비로소 아버지 집이 기억나는 겁니다. 하나님이 우리에게 이런 시간을 허락하시는 이유가 이 때문입니다. 허랑방탕한 삶을 끝내고 돌아온 둘째 아들은 집에 있는 아들보다 먼저 되었습니다. 저 역시 방황하는 둘째 아들이었습니다. 때문에 지금 방황하는 아들들에게 희망이 있습니다. 얼마나 위로가 됩니까?

하나님은 우리가 하나님 아버지와 건강한 관계를 이루는 데 시간을 쓰기를 원하십니다. 바로 아버지를 기억하고 사랑하고 아버지와 대화하고 찬양하고 아버지께 영광을 돌리는 시간입니다. 그때 비로소 인간에게 허락하신 시간의 진정한 의미를 깨닫게 되는 겁니다. 그렇지

—

—

않으면 인생은 노고로 가득 찬 수고일 뿐입니다. 짐 지고 가는 인생일 뿐입니다. 하나님은 그걸 위해 이 시간을 허락한 게 아닙니다.

하나님은 모든 때를 아름답게 하셨다

전 3:11a

하나님이 모든 것을 지으시되 때를 따라 아름답게 하셨고 또 사람 들에게는 영원을 사모하는 마음을 주셨느니라…

하나님은 피조세계 전체를 때에 따라 아름답게 지으셨습니다. 인간이 하나님을 인정하면 시간 속에서 모든 아름다움을 누리게 됩니다. 하나 님께서 만물을 시간 안에 두셨고, 하나님이 그 만물을 두신 목적이 선하시기 때문에 하나님을 알면 알수록 아름다움을 발견하게 됩니다.

전도서 3장 11절 상반절 말씀을 영어로 번역하면 이렇습니다.

He has made everything beautiful in its time. Also, he has put eternity into man's heart…

천하만물에는 다 때에 맞는 아름다움이 있습니다. 사람도 그 나이에 걸맞은 아름다움이 있습니다. 이유가 무엇입니까? 하나님께서 만물과 인간을 지을 때 모든 때를 따라 아름답게 하셨기 때문입니다.

—

—

전도서 3장 11절 말씀을 읽으면 제가 좋아하는 불어 속담이 떠오릅니다.

"Chaque âge a ses plaisirs."

영어로 하면 'Every age has its own pleasure'입니다. '인생의 모든 나이에는 그 나이에 걸맞은 즐거움이 있다'는 뜻입니다. 이 불어 속담을 이렇게 바꾸고 싶습니다.

"Chaque âge a ses beautés."

영어로 'Every age has its own beauty', '인생의 모든 나이에는 그 나이에 걸맞은 아름다움이 있다'입니다.

하나님은 시간 속에서 모든 때를 따라 아름답게 하셨기 때문에 어떤 나이에 있건 아름답다는 걸 인정하십니까? 이게 하나님의 놀라운 선물입니다. 갓난아기는 아이대로, 청년은 청년대로, 노년은 노년대로의 아름다움이 있습니다.

자연을 보면 과연 그렇다는 생각이 듭니다. 동틀 때 새벽의 아름다움이 있고, 해 뜰 때 일출의 아름다움이 있고, 해질 때 낙조의 장엄한 아름다움이 있습니다. 봄이 되면 헐벗은 나무에 움이 트기 시작하는데 형광빛의 새싹이 짙은 녹색으로 변하는 것을 보면 정말 경이롭습니다. 또 가을이 되어 단풍이 들 때는 어떻습니까? 차츰차츰 단풍으로 물들기 시작하다가 어느 순간 온 산이 붉게 타오르는 것을 보면 그 장관에 감동되어 가슴이 터질 것 같지 않습니까? 온통 순백의 하얀 눈으로 덮인 겨울산은 어떻습니까? 나도 모르게 탄성이 터져 나오지 않

—

—

습니까?

하나님은 모든 것을 아름답게 하셨습니다. 하나님의 때 가운데 존재하는 모든 것들이 아름답습니다. 그분의 선하심에서 비롯된 아름다움을 발견하고 누리는 것이야말로 구원의 본질입니다.

문제는 인간의 탐욕이 이 아름다움을 보지 못하고 망가뜨리는 것입니다. 하나님께서 이 아름다움을 발견할 수 있는 코드를 우리 안에 심어 놓으셨습니다. 그게 영원을 사모하는 마음입니다. 영원을 심어 두신 걸 기억하는 것, 영원을 발견하는 게 구원입니다. 그래서 하나님을 알아 갈수록 하나님의 선하심과 아름다움에 눈뜨게 됩니다. 하나님을 알수록 아름답게 살아가게 됩니다. 하나님을 알아야 하나님 안에서 상상할 수 없는 아름다움을 경험하게 됩니다. 그 아름다움이야말로 하나님이 우리에게 주신 놀라운 선물입니다.

저는 벌써 예순을 훌쩍 넘었습니다. 그런데 제 안에는 모든 나이의 아름다움이 스며 있습니다. 갓난아기의 천진난만에서 노인의 주름진 얼굴까지 다 스며 있습니다. 거울로 자신의 얼굴을 보십시오. 그 안에 지난 시간의 아름다움이 새겨져 있지 않습니까? 만일 보이지 않는다면, 마음의 눈에 비늘이 씌워진 탓입니다. 영원의 눈이 열리면 그 모든 아름다움이 눈에 들어오기 시작합니다.

방지일 목사님이 103세의 일기로 소천하셨습니다. 목사님이 100세 때 말씀 전하시는 것을 들은 적이 있는데, 여전히 또렷하고 힘 있는 목소리로 복음을 군더더기 없이 전하셨습니다. 저는 목사님의 말씀을 들으면서, 그 안에 목사님의 백 년 생애 전체가 담겨 있음을 보았습니다. 참으로 아름다웠습니다. 목사님의 돌아가시는 모습도 정말 아름다웠습니다.

목사님은 어디로 가셨을까요? 하나님 안입니다. 영원으로 돌아가셨습니다. 얼마나 큰 축복입니까? 영생은 영원이라는 하나님의 시간을 아는 것입니다. 영생은 시간 안에 있지만 시간 밖의 시간을 아는 것입니다. 우리가 상대적 시간 안에 있지만 절대 시간을 인식하는 것입니다. 이것을 다른 말로 하면 '땅에서 살면서 하늘을 산다'고 할 수 있습니다.

그런데 어떻게 그게 가능합니까? 하나님께서 우리 안에 영원을 지각하고 영원을 사모하는 마음을 주셨기에 가능합니다. 구원을 알 만한 것을 심어 놓으셨기에 가능합니다.

우리는 땅의 시간 안에서 만족하지 않습니다. 우리는 육신의 시간 안에 갇혀 사는 것으로 진정한 기쁨을 누리지 못합니다. 우리가 구원에 목마른 것은 이 시간 속에 살지만 이 시간이 영원에 닿기를 바라는 까닭입니다. 하나님께서 인간이 영원을 그리워하도록 하셨기 때문입니다.

—
—

전 3:11b

…그러나 하나님이 하시는 일의 시종을 사람으로 측량할 수 없게
하셨도다

yet so that he cannot find out what God has done from the beginning
to the end.

그러나 하나님은 우리가 다 알 수 없게 하셨습니다. 존재의 한계입니
다. 시간 안에 한계를 두셨습니다. 다 알 수 없다는 게 신앙의 자리 아
닙니까. 다 알면 신앙이 필요 없을 것입니다. 불안하다는 것이 인간의
본질이고, 우리가 다 모르지만 안심할 수 있다는 것이 신앙의 본질입니
다. 다 아시는 분이 바로 우리 아버지이기 때문에 우리는 안심할 수 있
습니다. 그분이 다 아시니 내가 모든 걸 알려고 애쓸 필요가 없습니다.

하나님은 인간에게 모든 것을 허락하셨습니다. 그러나 선과 악을
판단하는 나무의 과실은 먹지 말라고 하셨습니다. 선과 악을 판단하는
것이 불가능하기 때문입니다. 왜 그렇습니까? 우리를 시간 안에 두셨
기 때문입니다.

예수님은 "내가 판단하는 것은 옳다"고 말씀하셨습니다. "내가 아
버지 안에 아버지가 내 안에 있기" 때문에 그렇다고 하셨습니다. 예수
님은 땅에서도 영원을 사셨기에 다 아십니다.

그러나 우리는 하나님이 하시는 일의 처음과 끝을 다 알 수 없습

—

—

46

니다. 하나님이 그렇게 만드셨기 때문입니다. 이 모든 일이 어디서 시작되어서 어디서 끝나게 될지 알 수 없는데 어떻게 선과 악을 알 수 있겠습니까?

제가 직장생활 하면서 깨달은 사실이 있는데, 제게 가장 모질게 대한 사람이 훗날 돌아보면 저를 가장 성장시킨 사람이라는 것입니다. 항상 웃는 낯으로 대하고 술을 많이 사 준 선배가 지나고 보니 저를 가장 교만하게 만든 사람이었습니다. 누구를 원망하는 것이 아니라, 당시 제가 나름대로 제 기준으로 그들의 선악을 판단한 것이, 지나고 보니 틀렸다는 것을 말하고 싶은 것입니다.

우리의 시간 안에서는 어느 누구도 다 알 수 없고 다 판단할 수도 없습니다. 절대 시간으로 옮겨 가서야 그런 판단이 가능할 것입니다. 그래서 바울은 "우리가 지금은 거울로 보는 것같이 희미하나 그때에는 얼굴과 얼굴을 대하여 볼 것이요 지금은 내가 부분적으로 아나 그때에는 주께서 나를 아신 것같이 내가 온전히 알리라"(고전 13:12)고 했습니다. 여기서 거울은 요즘과 같이 투명한 거울이 아니라 얼굴이 흐릿하게 보이는 청동거울을 말합니다.

신앙은 다 알 수 없다는 자각에서 시작됩니다. 나 자신조차 제대로 알 수 없고 믿을 수 없다는 데서 신앙은 깊어집니다. 하나님을 결코 다 알 수 없다는 데서 우리 신앙은 겸손할 수밖에 없습니다. 솔로몬의 통찰은 전도서 7장으로 연결됩니다.

—

—

전 7:14

형통한 날에는 기뻐하고 곤고한 날에는 되돌아보아라 이 두 가지
를 하나님이 병행하게 하사 사람이 그의 장래 일을 능히 헤아려
알지 못하게 하셨느니라

우리가 시간 안에 있음을 깨닫고 하나님을 기억하도록 하는 방편은
형통과 고난을 번갈아 주시는 것입니다. 형통한 날이 언제까지나 계속
되지 않고, 곤고한 날도 언젠가 끝나게 하심으로 미래와 장래, 그리고
시간이 나에게 속한 것이 아니라 하나님 안에 있다는 것을 알게 하시
는 것입니다. 하나님을 기억하게 하는 놀라운 선물로 고난이라는 선물
도 주십니다. 고난이 없으면 우리는 하나님을 찾지 않기 때문입니다.

예수님도 시간과 때를 궁금해 하는 제자들에게 말씀해 주셨습니다.

막 13:32

그러나 그날과 그때는 아무도 모르나니 하늘에 있는 천사들도, 아
들도 모르고 아버지만 아시느니라

주님은 '때와 시간에 관한 한 모든 주권이 하나님 아버지께 있다'고 말
씀하시면서 이 사실을 잊지 말라고 당부하셨습니다. 혹시 그때를 알
수 없어 불안합니까? 저는 오히려 감사합니다. 모든 시간이 아버지의
수중에 있다는 사실에 안심이 되고 평안해집니다. 사람 손에 있다면
억울해서 못 살고 마음이 불편해서 못 삽니다. 하나님께서 시간을 주
관하시고 정확한 시간을 재시고 시간에 실수가 없으시다는 것이 우리

믿음의 든든한 기초입니다.

　모든 일에 때가 있는데, 그때를 어떻게 알 수 있습니까? 때의 주도권을 내려놓고 잠잠히 기다릴 때 알 수 있습니다. 마냥 기다리기만 하면 됩니까? 주어지는 일상에 성실해야지요. 아이는 엄마 뱃속에서 열 달 채워야 나오고, 미국 가는 비행기는 열 시간 이상 비행해야 착륙하게 됩니다. 안달한다고 그 시간이 단축되지 않습니다. 그 시간 동안 지겨워하며 시간을 때우는 게 아니라 말씀 읽고 기도하며 알뜰하게 보내면 됩니다. 무리하게 단축하려 들면 사고만 날 뿐입니다.

　하나님을 바라보고 하나님의 뜻대로 기뻐하고 기도하고 감사하며 살면 하나님이 때를 여시고 때를 닫으십니다. 하나님은 우리에게 영원을 사모하는 마음을 주셨고 영원의 삶으로 초대해 주셨습니다. 영원 속에서 만나고 교제해야 할 사람들이 또 있습니다. 아버지의 때는 그래서 우리를 깨어 있게 하고 순간에도 영원을 향하게 합니다. 예수님은 그 때문에 이 땅에 오셨습니다. 성령님은 그 때문에 우리와 함께하십니다. 그리고 곁에 있는 믿음의 형제자매를 영원 속에서 보고 있다면 지금 화해하고 지금 사랑해야 합니다. 무엇보다 지금은 은혜 받을 만한 때이고 구원받을 만한 때 아닙니까?

3

시간에 겸손하라

짧은 인생을

어떻게 살아야 하나?

우리는 지금 시간을 여행 중입니다. 모든 인생이 시간 여행입니다. 시간 여행이란 시간 안에서 시간을 자각하며 산다는 뜻입니다. 그런데 여행은 출발과 도착이 있습니다. 우리 인생도 그렇습니다.

우리는 하나님을 알기 전에도 시간을 여행하고 있었고, 하나님을 알게 된 후에도 날마다 시간 여행을 하고 있습니다. 앞으로 얼마의 시간이 우리에게 주어졌는지는 모르지만 하나님이 우리를 부르시는 그날까지 여행하게 됩니다.

모세는 3500년 전에 살았던 믿음의 사람입니다. 그가 지은 시를 통해 모세가 시간을 어떻게 이해했고, 그 시간 속에서 인생을 어떻게 깨닫게 되었는지 그 지혜를 듣고자 합니다.

건짐 받은 인생이 건져 내는 인생이 되다

모세는 '물에서 건져 낸 자'라는 뜻입니다. 모세는 인생에서 세 가지 중요한 사건을 경험합니다. 갈대상자에 담겨 떠내려가다가 나일 강에서 건짐 받은 사건, 애굽의 왕자로 살다가 살인하여 광야로 도망친 사건, 그리고 하나님을 만난 사건입니다.

모세는 인생의 전반기를 애굽의 왕자로 살다가 그 이후 하나님의 부르심을 받아 애굽의 노예로 살던 이스라엘 백성을 자유인의 삶으로 건져 내는 소명의 삶을 살았습니다. 우리는 모세를 통해 건짐 받은 사람이 맞게 되는 소명을 보게 됩니다. 하나님이 건져 내신 사람은 다시 건져 내는 사람으로 사용하신다는 걸 깨닫습니다.

그 사명은 감당할 수 없을 만큼 부담스러웠을 겁니다. 순종하지 않는 백성, 고집스러운 백성, 시도 때도 없이 애굽으로 돌아가고자 하는 백성을 이끌고 가는 일이 얼마나 힘들었겠습니까. 모세는 소명을 감당하기 위해 날마다 하나님을 바라보지 않을 수 없었을 것입니다.

—

—

시편 90편 1~12절은 모세가 나이 80세에 하나님을 만나 소명을 받고 나서 꽤 시간이 흐른 뒤에 쓴 것입니다. 어떻게 알 수 있습니까? 그의 탄식 때문입니다. 가데스 바네아에서 열두 명의 정탐꾼이 가나안 땅을 정탐한 뒤 이스라엘 백성은 불신앙을 보였고, 이에 하나님은 진노하셨습니다. 모세가 탄식한 까닭은 아마도 이 사건 때문일 것입니다.

"우리는 다 죽게 생겼구나. 차라리 애굽에서 죽게 내버려두지 왜 우리를 이 광야까지 데리고 나와서 가나안 족속에게 죽임을 당하게 하느냐?"

가나안 정탐꾼들 중 10명이 "가나안 족속에 비하면 우리는 메뚜기 같다"는 보고를 하자, 이스라엘 백성이 하나님과 모세를 원망하며 통곡했습니다. '차라리 애굽으로 돌아가는 것이 낫겠다'며 울부짖었습니다. 10명의 정탐꾼도, 이스라엘 백성도 가나안 땅을 주시겠다 약속한 하나님의 언약을 완벽하게 불신한 것입니다. 이때 하나님은 애굽에서 건져 낸 하나님의 은혜를 경험하고도 한순간에 불신앙으로 돌아선 백성을 향해 진노하셨습니다.

"너희들 생각이 그렇구나! 그러면 너희가 방금 말한 대로 너희가 다 죽게 내버려두마."

하나님의 진노로 여호수아와 갈렙을 제외한 200만 이스라엘 백성이 광야에서 죽어 갔습니다. 모세는 광야 1세대들이 죽는 과정을 두 눈으로 목격했습니다. 죽어 가는 이스라엘 백성을 보면서 그는 하나님의 뜻을 생각했을 것입니다. 그리고 날마다 죽어 가는 인생들을 보면서 하나님의 시간을 생각하게 되었을 것입니다. 그리고 그는 두 가지를 깨달았습니다.

첫째, 하나님이 우리의 거처가 되심을 깨달았습니다.

시 90:1-2

주여 주는 대대에 우리의 거처가 되셨나이다 산이 생기기 전, 땅과 세계도 주께서 조성하시기 전 곧 영원부터 영원까지 주는 하나님이시니이다

모세는 하나님을 호렙 산 기슭에서 처음 만났습니다. 불에 타지 않는 떨기나무에서 하나님의 음성을 들은 뒤, 모세의 인생은 반전에 반전을 거듭하게 되었습니다. 바로를 만나 하나님의 명령을 전했고, 하나님이 애굽에 내리신 열 가지 재앙을 목격했으며, 마침내 홍해를 가르고 애굽을 빠져나와 광야를 전전하는 동안 구름기둥과 불기둥으로 인도해 주시는 하나님을 경험했습니다. 모세는 하나님과 함께 광야를 걸으면서 비로소 이런 고백을 하게 됩니다.

"하나님! 하나님이 우리 조상 아브라함 때부터 우리의 집이셨군요. 하나님이 바로 우리의 거처시군요. 아! 그렇군요. 우리 모두가 하나님 안에 있는 거군요."

모세는 자신과 백성이 거한 곳이 광야가 아니라 바로 하나님 안임을 깨달았습니다. 하나님이 나의 거처가 된다는 것은 내가 하나님 안에 있다는 뜻입니다. 이 얼마나 놀라운 믿음의 발견입니까?

—
—

태풍이 불어도 집 안에 있으면 안전하지 않습니까? 적이 침입해도 요새 안에 있으면 안전하지 않습니까? 다윗은 사울에게 쫓겨 다니느라 하루도 마음 편할 날이 없었지만, 요새에 있다고 안전한 것이 아니라 하나님과 함께해야 안전하다는 사실을 깨닫게 되었습니다.

요셉 역시 노예로 팔려 가고 억울하게 누명을 쓰고 감옥에 갇혔어도 하나님과 함께 있는 것이 형통임을 깨달았습니다. 다니엘과 세 친구도 비록 용광로 속에 들어간다 해도 하나님 안에 있으면 불이 사람을 삼키지 못할 것이라는 신앙 고백을 했습니다.

신앙은 내가 하나님 안에 있다는 깨달음입니다. 신앙은 내가 예수님 안에 있다는 발견입니다. 신앙은 성령님이 내 안에 계신다는 각성입니다. 하나님을 거처로 삼는 인생이 뭐가 두렵겠습니까? 다윗, 요셉, 모세, 다니엘 등 많은 믿음의 사람들이 이를 경험했습니다. 하나님 안에 있을 때 그들은 상상할 수 없는 일을 했습니다. 예수님은 이 비밀을 제자들에게 말씀해 주셨습니다.

요 14:9-10

나를 본 자는 아버지를 보았거늘 어찌하여 아버지를 보이라 하느냐 내가 아버지 안에 거하고 아버지는 내 안에 계신 것을 네가 믿지 아니하느냐

다윗 역시 이 사실을 깨닫고 이 놀라운 발견에 대한 찬양을 썼습니다.

—
—

여호와는 나의 반석이시요 나의 요새시요 나를 건지시는 이시요
나의 하나님이시요 내가 그 안에 피할 나의 바위시요 나의 방패시
요 나의 구원의 뿔이시요 나의 산성이시로다

그는 여호와를 집으로 인식했습니다. 시편 23편에서도 다윗은 "여호
와의 집에 영원히 살리로다"고 노래했습니다. 여러분은 하나님을 어떻
게 인식합니까? 하나님을 나의 거처로, 내가 그 안에 영원토록 머물러
야 할 분으로 인식하는 것이 모세의 신앙관이고 그의 하나님 인식입
니다.

둘째, 모세는 하나님의 시간에 주목했습니다. 인간은 태어나서
죽을 때까지 흙으로 빚어진 형상으로 이 땅에서 살아가겠지만, 하나님
은 영원에서 영원까지, 즉 시간 이전부터 시간 이후까지 계시는 분입
니다. 하나님의 시간은 영원입니다.

영원은 과거, 현재, 미래가 구분되지 않는 시간입니다. 영원은 인
간의 시간이 아닙니다. 우리는 하늘과 땅이 생기고 산과 바다가 생긴
뒤의 시간을 사는 존재이고 하나님은 태초부터 존재하시는 분입니다.
하나님은 시간 이전에 존재하셨고 시간 이후에도 존재하시는 분입니
다. 우리는 눈에 보이는 것들을 의존하나 하나님은 형태 있는 어떤 것
에도 의존하시지 않는 분입니다. 그래서 하나님이 하시는 일을 '창조'
라고 하는 것입니다.

창조란 하나님만 유일하게 사용할 수 있는 단어입니다. 창조란

무에서 유를 만드는 일이기 때문입니다. 하나님은 인간을 위해 시간을 창조하셨습니다. 인간을 시간 안에 두신 목적은 하나님을 경외하며 그분과 교제하게 하기 위함입니다. 하나님은 영원에서 영원까지 계신 분이기에 그분을 아는 것이 곧 영원을 아는 것입니다. 그래서 우리는 하나님을 그리워하는 만큼 영원을 갈망합니다.

시간 밖으로 가기 위해 돌아가야 한다

문제는 인간의 출발이 흙이라는 사실입니다. 아담은 아다마, 흙을 재료로 지어진 존재입니다. 인간은 흙에서 나서 흙으로 돌아갑니다. 하나님은 에덴동산에서 죄악에 빠진 인간에게 어떤 조치를 내리십니까?

창 3:19
네가 흙으로 돌아갈 때까지 얼굴에 땀을 흘려야 먹을 것을 먹으리니 네가 그것에서 취함을 입었음이라 너는 흙이니 흙으로 돌아갈 것이니라 하시니라

하나님은 타락한 인간, 자신이 하나님인 양 살아가는 인간에게 본질을 알려 주십니다. "너는 흙이다. 그러니 너는 언제건 흙으로 돌아가는 존재다. 또 한 가지 알려 주마. 너는 흙으로 돌아갈 때까지 수고하고 땀

흘리며 일해서 먹고살아야 한다."

모세가 이 말씀을 기억합니다.

시 90:3

주께서 사람을 티끌로 돌아가게 하시고 말씀하시기를 너희 인생들은 돌아가라 하셨사오니

모세는 광야에 이르기까지 그가 경험한 인간 실존을 흙보다 못한 것으로 격하시킵니다. 흙보다 더 미미한 존재, 흙보다 더 무가치한 존재라고 자각한 것입니다. 그래서 그는 흙 대신 티끌과 먼지라는 표현을 택합니다.

그러나 인간은 이 말씀조차 순종하려고 하지 않습니다. 흙으로 돌아가기 싫어서 독재자들은 시신이라도 영구 보존하고 싶어 합니다. 인간은 할 수만 있다면 땀 흘리지 않고 살려고 합니다. 그렇게 사는 것이 성공이고 행복이라고 생각합니다.

그러나 소용없는 일입니다. 하나님은 무에서 유를 만드시지만 인간은 유에서 다시 무로 돌아가야 합니다. 하나님에겐 유에서 무로 돌이키는 일이 그야말로 아무것도 아닙니다. 시간을 주관하시는 분이기 때문입니다. 그러므로 하나님이 시간을 우리에게 주시는 것이 생명이고, 우리로부터 시간을 거두어 가시는 것이 죽음입니다. 이제 우리는 시간 앞에서 어떤 태도를 가져야 할까요?

첫째, 시간 앞에 설 때 항상 하나님을 인식해야 합니다. 이것이

시간을 주신 목적입니다. 하나님이 선물한 이 시간 앞에서 하나님을 기억하라는 것이지요. 하나님을 인식하지 않는 시간은 허랑방탕한 시간입니다. 그러나 놀랍게도 이 시간조차 하나님께 돌아가면 하나님 안에서 회복되는 것을 봅니다.

둘째, 시간 앞에서 우리는 겸손하지 않을 수 없습니다. 내가 흙이고 티끌임을 기억하십시오. 내가 누구인지 모르는 것이 교만이고, 내가 누구인지를 아는 것이 겸손입니다. 호흡이 멈추면 흙과 티끌로 돌아간다는 자각 앞에서 우리는 교만할 수 없습니다. 돈이나 권력 앞에 있을 때는 내가 누군지 모르고 망각합니다. 인기 앞에 있으면 자신을 아예 잃어버립니다. 인간은 시간 앞에 있을 때 비로소 내가 누구인지를 자각합니다.

그래서 시간은 모든 인간을 평등하게 만듭니다. 시간이야말로 하나님께서 모든 인간을 평등하게 만드는 능력입니다. 모름지기 나라는 존재는 영원에 비하면 한순간에 불과하다는 사실을 자각하는 것이 겸손의 시작입니다.

시 90:4
주의 목전에는 천 년이 지나간 어제 같으며 밤의 한순간 같을 뿐임이니이다

모세는 여기서 다시 인간의 시간과 하나님의 시간이 어떻게 다른지를 알려 줍니다. 인간의 시간이 천 년이 흘렀다 한들 하나님께는 하루나

마찬가지입니다. 아니 그보다 더 짧은 밤의 한순간입니다. '한순간'은 원어로 '한 경'입니다. '한 경'은 당시 보초 서던 군인들이 교대하는 시간을 뜻하는 것으로 대략 4시간입니다. 우리에겐 '천 년'이 하나님에겐 고작해야 한 경, 즉 4시간밖에 안 되는 것입니다.

모세는 하나님을 만나고 나서 하나님의 시간과 인간의 시간을 분간할 수 있었습니다. 절대적인 기준이 있어야 상대적인 기준이 드러납니다. 영원을 자각해야 우리는 시간의 길이를 비로소 가늠할 수 있습니다.

한낮의 잠 같고 들풀 같은 인생

시 90:5-6
주께서 그들을 홍수처럼 쓸어가시나이다 그들은 잠깐 자는 것 같으며 아침에 돋는 풀 같으니이다 풀은 아침에 꽃이 피어 자라다가 저녁에는 시들어 마르나이다

모세는 인생을 잠깐 자는 것 같다고 합니다. 아침에 핀 꽃이 저녁에 시드는 것처럼, 살아 보니 인생은 잠시 자고 일어난 것과 같다는 것입니다. 영원이라는 절대적 시간 앞에서 인생은 한숨 낮잠 자는 것과 같다는 겁니다.

육신을 가지고 살아가는 인생은 잠시 꽃을 피우지만 저녁이면 시

들어 버리는 풀과 같습니다. 그토록 싱그럽던 청년들이 어느 순간 주름진 얼굴로 제게 와서 반갑게 인사하는 걸 보면 과연 그렇다는 생각이 듭니다.

내일 일을 너희가 알지 못하는도다 너희 생명이 무엇이냐 너희는 잠깐 보이다가 없어지는 안개니라

야고보는 우리 육신의 생명이 마치 안개와 같다고 말합니다. 여느 때처럼 함께 예배를 드리다가도 어느 순간 안개처럼 사라질지도 모르는 것이 인생입니다. 있다가 없어지는 것, 분명히 있었는데 사라져 버리는 것, 그게 안개 아닙니까?

저는 한때 안개 속을 걷는 것을 아주 좋아했습니다. 헤르만 헤세의 '안개 속에서'라는 시를 읊조리며 젊은 날 안개 자욱한 산속을 헤맸던 기억이 있습니다. 그러다 너무 짙은 안개를 만나면 바위틈에 앉아 안개가 유령처럼 움직이는 것을 한참 지켜보았습니다. 하지만 해가 뜨기 시작하면 정말 순식간에 안개가 사라집니다. 잠깐 살다 가는 인생이나 잠깐 있다가 사라지는 안개나 다를 바가 없습니다. 그러니 안개끼리 다투지 마십시오. 순식간에 사라지고 말 것이니 사랑하기에도 모자란 시간에 원망하고 다투고 갈등하고 살지 맙시다. 안개 같은 인생임을 알면 삶이 단순해지지 않겠습니까? 단순함이 큰 능력입니다.

모세는 이 짧은 인생을 묵상하다 죄 가운데 사는 인생의 덧없음

—

—

을 다시 기억합니다.

시 90:7-9
> 우리는 주의 노에 소멸되며 주의 분내심에 놀라나이다 주께서 우
> 리의 죄악을 주의 앞에 놓으시며 우리의 은밀한 죄를 주의 얼굴
> 빛 가운데에 두셨사오니 우리의 모든 날이 주의 분노 중에 지나가
> 며 우리의 평생이 순식간에 다하였나이다

죄인들의 시간은 더 빠릅니다. 쾌락의 시간은 더 빨리 지나갑니다. 인
간은 걸어가지만 시간은 날아갑니다. 지금 광야를 걷고 있는 이스라
엘 백성은 가나안 땅을 향하고 있지만 끝내 가나안에 들어가지 못한
채 죽어 갑니다. 하나님의 진노 속을 걷고 있는 것입니다. 제가 계산
해 보니 하루 평균 140명이 40년 동안 죽은 셈입니다. 그런 점에서 이
스라엘 백성이 광야에서 장례 치르는 일이 가장 힘들지 않았을까 싶
습니다.

시 90:10
> 우리의 연수가 칠십이요 강건하면 팔십이라도 그 연수의 자랑은
> 수고와 슬픔뿐이요 신속히 가니 우리가 날아가나이다

모세가 순식간에 지나가는 그 인생의 속살을 내보입니다. 오래 살아
봐야 고작 70~80년 아니겠느냐는 것입니다. 더구나 그렇게 장수한다
해도 그 삶의 내용이란 게 고작 수고와 슬픔뿐이 아니겠느냐는 겁니다.

—

—

저는 가끔 나이 드신 어르신들께 여쭤 봅니다.

"인생 80년, 90년 살아 보니 어떠세요?"

대답은 한결같습니다.

"순식간입니다. 20대가 엊그제 같아요. 도무지 제 나이가 믿기지 않습니다."

젊은이들은 어르신들의 이런 말씀을 이해하지 못할 것입니다. 왜 젊었을 때는 세월이 천천히 흐르는데 나이 들면 세월이 쏜살같이 흘러갈까요? 아마도 영원의 시간을 점점 더 인식하기 때문이 아닌가 합니다. 비교할 수 없는 시간, 영원의 시간을 자각하면서 느끼는 변화일 것입니다. 인간은 영원의 시간 앞에서 비로소 인간의 시간, 그 실체를 깨닫게 됩니다. 절대적 기준 앞에서 비로소 상대적 기준의 실상이 드러나는 것이지요.

모세가 말한 '슬픔'의 원어를 풀이하면 '헛됨, 거짓, 고통, 불행, 사악함' 등이 됩니다. 슬픔 안에 모든 게 담겨 있습니다.

이토록 짧은 인생을 어떻게 살아야 할까요? 시간 앞에 서 보니 과연 겸손할 수밖에 없습니다. 그러면 시간 앞에서 겸손하게 살려면 어떻게 해야 할까요?

시간을 계산하며 살라

모세는 먼저 우리에게 시간을 계산하면서 살라고 합니다.

시 90:12
우리에게 우리 날 계수함을 가르치사 지혜로운 마음을 얻게 하소서

지혜로운 사람은 시간을 계산하며 삽니다. 내 인생에 시간이 얼마나 남았나를 기억하며 사는 것입니다. 그러니 시간의 우선순위를 분별할 줄 압니다. 이 시간을 어디에, 어떻게 써야 할지를 계산합니다.

저는 앞에서 시간을 건져 내는 것이 구원이라고 했습니다. 내 시간을 건져 낸 사람이 해야 할 일이 무엇입니까? 시간의 탁류 속에 떠 내려가는 사람을 건져 내는 일입니다. 이 세상의 시간, 인간의 시간, 땅의 시간이 얼마 남지 않았다는 것을 안다면 '시간'으로 해야 할 일은 사실 한 가지밖에 없습니다. 하나님을 영화롭게 하는 일입니다. 한낮의 잠 같고 들풀 같으며 안개 같은 인생인데 무슨 일에 그렇게 머리를 쓰고 있습니까? 무엇에 마음을 빼앗기며 살아갑니까?

전 12:7
흙은 여전히 땅으로 돌아가고 영은 그것을 주신 하나님께로 돌아가기 전에 기억하라 전도자가 이르되 헛되고 헛되도다 모든 것이 헛되도다

솔로몬은 인생의 무상함을 노래했습니다. 솔로몬은 전도서를 써 내려가면서 가장 먼저 탄식부터 했습니다. 살아 보니 인생은 헛되고 헛되며 헛되고 헛되니 모든 것이 헛되다고 했습니다. 시종 인생의 헛됨을 강조한 솔로몬이 권면한 인생은 이것입니다.

전 12:13
> 일의 결국을 다 들었으니 하나님을 경외하고 그의 명령들을 지킬
> 지어다 이것이 모든 사람의 본분이니라

흙에서 난 것은 흙으로 돌아가고 하나님께 난 것은 하나님께로 돌아간다는 것을 믿습니까? 이 믿음을 가진 사람은 매 순간 겸손합니다. 그리고 시간에 감사합니다. 시간을 기뻐합니다. 시간이 선물이기 때문입니다. 인생이 선물이기 때문입니다. 인생이라는 시간의 선물을 기뻐하고 누리다가 때가 되면 우리는 부름을 받고 돌아갈 것입니다.

귀천(歸天)

나 하늘로 돌아가리라
새벽빛 와 닿으면 스러지는
이슬 더불어 손에 손을 잡고

나 하늘로 돌아가리라

—
—

노을빛 함께 단 둘이서

기슭에서 놀다가 구름 손짓하면은

나 하늘로 돌아가리라

아름다운 이 세상 소풍 끝내는 날,

가서, 아름다웠더라고 말하리라

시인 천상병은 참으로 고난 많은 생애를 살았습니다. 동베를린 간첩
사건에 연루되어 혹독한 전기고문을 받고 몸과 마음이 병들 대로 병
들었습니다. 그러나 그 영혼의 아름다움은 빛을 잃지 않았습니다. 인
생은 재시(在時), 시간 안에 잠시 머물다가 소천하는 것, 하늘의 부름을
받고 귀천하는 것, 하늘로 돌아가는 여정입니다. 아버지를 몰라도 이
사실 앞에 다들 숙연합니다. 그러나 하나님을 믿는 우리는 아버지를
그리워합니다. 그래서 하늘로 돌아가리라는 시인의 시구를 아버지께
로 돌아가리라는 말로 바꿔서 읽어 보려 합니다. 천 시인이 허락하지
않았지만 용서하리라 믿습니다.

나 아버지께로 돌아가리라

새벽빛 와 닿으면 스러지는

이슬 더불어 손에 손을 잡고,

—

—

나 아버지께로 돌아가리라

노을빛 함께 단 둘이서

산기슭에서 놀다가 아버지께서 손짓하면은,

나 아버지께로 돌아가리라

아름다운 이 세상 소풍 끝내는 날,

가서, 아름다웠더라고 말하리라

그리고 나 아버지께 매 순간 고백하리라

'아버지 사랑합니다'

인생은 짧습니다. 여러분이 무슨 일을 하든 간에 아버지의 시간을 바
라보고 아버지의 시간 앞에 서 있기를 바랍니다. 시간 앞에서 늘 하나
님을 인식하게 될 것이고, 하나님의 시간 앞에서 인간의 시간을 얼마
나 겸손하게 살아야 할지를 날마다 느끼게 될 것입니다. 귀천을 생각
하면서 하늘 아버지께로 돌아갔을 때 뭐라고 말할지를 가슴 깊이 묵
상해 보는 시간을 가지기를 바랍니다.

4

쉼 없는 삶의 구원

무엇이 안식하게

하는가?

하나님의 천지 창조는 공간과 시간 밖에서 시작되어 공간과 시간 안에서 일단락됩니다. 하나님은 엿새 동안 천지를 창조하시고 일곱째 날에 안식하시면서 이날을 복되고 거룩하게 하셨습니다. 그렇다면 일곱째 날 이후부터 하나님은 어떤 시간을 보내실까요? 우리는 창세기에 기록된 일곱째 날의 의미를 새롭게 이해해야 합니다. 안식이라는 시간을 통해 하나님의 시간을 살펴보겠습니다.

안식과 안식일

출 20:8
안식일을 기억하여 거룩하게 지키라

이 말씀은 하나님이 모세를 통해 주신 십계명 중 네 번째, 이른바 안식일 계명입니다. 이 규정을 통해 인간의 시간을 하나님의 시간과 대비해 볼 수 있습니다. 안식일 규정은 속절없이 끝날 수밖에 없는 인간의 시간을 어떻게 하나님의 시간으로 건져 올리는지에 대한 하나님의 명령이며 선물입니다.

십계명의 1~3계명은 "나 이외에 다른 신을 섬기지 말라", "우상을 만들지 말라", "내 이름을 함부로 들먹이지 말라"입니다. 하나님을 다른 온갖 잡신의 하나처럼 대하지 말며, 나무나 돌, 쇠붙이 같은 것으로 형상을 만들어 하나님을 우스꽝스럽게 하지 말며, 걸핏하면 하나님 이름을 입에 올려서 하나님을 조롱하지 말라는 것입니다. 이 세 가지 계명을 곰곰이 생각하면 하나님께서 인간에게 어떤 태도를 요구하시는지가 드러납니다. 바로 '하나님을 하나님으로 인정하라'는 것입니다. 예수님은 이 계명을 압축해서 "네 마음을 다하고 목숨을 다하고 뜻을 다하여 주 너의 하나님을 사랑하라"(마 22:37) 하셨습니다.

하나님을 하나님으로 대접하는 일, 하나님을 하나님으로 인정하는 삶의 태도가 안식입니다. 내가 무슨 일을 하는가가 중요한 게 아니라 하나님을 기억하는 삶이냐 아니냐가 더 중요합니다. 무슨 일이든 하나님을 기억하고 행하면 하나님 안에서 안식하는 일이 되고, 하나님

없이 하나님을 거역하여 행하면 하나님을 대적하는 일이 됩니다.

십계명의 1~3계명을 주신 후 하나님은 안식일을 기억하고 그 시간을 구별하라고 명령하셨습니다. 그런데 '안식'은 창세기에 먼저 기록되어 있습니다.

> 창 2:1-3
> 천지와 만물이 다 이루어지니라 하나님이 그가 하시던 일을 일곱째 날에 마치시니 그가 하시던 모든 일을 그치고 일곱째 날에 안식하시니라 하나님이 그 일곱째 날을 복되게 하사 거룩하게 하셨으니 이는 하나님이 그 창조하시며 만드시던 모든 일을 마치시고 그 날에 안식하셨음이니라

하나님은 엿새 동안 천지를 모두 창조하셨습니다. 이는 인간의 시간 속에서 인간을 위한 일을 하셨음을 의미합니다. 그리고 일곱째 날에 모든 일을 마치고 안식하셨다는 것은, 인간의 시간을 넘어서 다시 하나님의 시간으로 돌아가신 것입니다. 안식이란 하나님의 시간 속에 거하는 것입니다. 성경에서 숫자 7은 완전, 완성, 충만을 뜻합니다. 일곱째 날, 제7일은 모든 것을 마친 시간이고 모든 피조 세계가 완성된 날입니다. 하나님께서 더 이상 더하거나 뺄 필요가 없는 완성이 이루어졌다는 뜻입니다. 또한 인간에게는 더할 나위 없이 충만한 시간입니다. 안식은 '쉼' 또는 '멈춤'이라는 뜻입니다. 이 안식은 하나님께서 일어난 모든 일을 음미하시는 시간입니다.

—

—

안식일은 일곱째 날이라기보다는 하나님께서 행하신 모든 것이 온전히 이루어졌고, 하나님께서 완전히 성취하신 것을 우리가 함께 누리고 동참한다는 데 그 본질적인 뜻이 있습니다.

그런데 유대인들은 안식일을 어떻게 해석했습니까? '일곱째 날'에 너무 집중했습니다. 안식일을 거룩하게 지키라는 명령에 유대인은 목숨을 걸었습니다. 안식일을 거룩하게 지키기 위해 300개 이상의 규정을 만들었습니다. 그 가운데 이해할 수 없는 것들도 많습니다. 만일 담이 무너져 사람이 깔려도 돌을 다 들어내면 안 됩니다. 사람이 죽었는지 확인할 만큼만 돌을 움직여야 합니다. 또 안식일에는 900미터 이상 못 움직입니다.

현대 유대인들도 안식일을 철저히 지키고 있습니다. 얼마나 철저한지, 호텔에 가면 안식일에 엘리베이터 버튼을 안 누르도록 엘리베이터가 층마다 섭니다. 또한 불을 켤 수 없기에 안식일 전에 불을 켠 상태로 지냅니다. 가스불도 켤 수 없기에 미리 음식을 만들어 놓습니다. 이들에게 안식이 있겠습니까? 안식일이 가장 쉼이 없는 날 아니겠습니까? 안식일 규정에 묶여서 안식의 참된 본질을 놓쳐버린 것 아닙니까?

그들은 하나님을 기억하는 것이 아니라 안식일에 해서는 안 되는 규정을 기억하느라 바쁩니다. 안식일은 유대인들에게 가장 무거운 짐이요, 가장 무서운 날인 것입니다. 그래서 예수님은 이 땅에 오셔서 안식일부터 문제를 삼으십니다. 안식일에 손 마른 사람을 고치고, 앉은뱅이를 일으키고, 맹인을 눈뜨게 하고, 38년 된 중풍병자를 일으켜 세우십니다. 굳이 안식일에 하지 않아도 되는데도 일부러 그러신 이유는 안식일 규정에 묶여 본질을 잃어버린 유대인들에게 진정한 안식을 가르쳐 주시기 위함입니다.

안식을 잃은 사람들의 길

하나님이 엿새 동안 일하신 시간과 안식하신 시간은 구별된 시간입니다. 일은 인간의 시간이고 안식은 하나님의 시간입니다. 하나님의 일은 인간의 생존 조건을 만드는 시간이고, 하나님의 안식은 인간이 에덴동산에 있는 모습을 잠잠히 바라보는 시간입니다. 이 안식은 보시기에 참으로 좋은 시간입니다.

그러나 피조물이 창조주를 잊어버릴 때 죄가 들어옵니다. 선악과는 우리가 이 사실을 잊어버리게 만드는 독입니다. 인간은 죄를 지은 뒤 에덴에서 쫓겨나 에덴의 동쪽으로 옮겨 갔습니다. 하나님과 점점 더 멀어지더니 아담의 후손 중 하나님을 기억하는 사람보다 잊어버린 사람들이 더 많아졌습니다.

하나님을 떠난 사람들의 특징은 안식이 없다는 것입니다. 안식을 잃어 간다는 것은 하나님과 멀어지고 끊어진다는 것이고, 그렇기에 그들은 사람들을 통해서 안식을 충족 받으려고 합니다. 하나님을 저버렸기 때문에 자기 힘과 한정된 자원으로 살아가는 겁니다. 자기의 필요를 다른 사람에게서 충족 받고자 하기 때문에 점점 남의 소유를 빼앗고 착취하고, 결과적으로 폭력과 권력을 휘두릅니다. 그는 사람들에게 요구하고 빼앗고 사람들과 갈등합니다. 그래서 점점 내 소유를 많이 쌓아 갑니다. 이렇게 자기의 성을 쌓은 결과가 바로 '에녹 성'입니다. 이것은 가인이 자기 안전을 확보하기 위해 쌓은 성입니다. 우리는 이렇게 성을 쌓으면 안전할 줄 알지만 진정한 안전은 안식에 있습니다.

성경은 흘러가는 시간 속에서 건져 내지 못한 시간, 구원받지 못한 시간을 방탕한 시간이라고 합니다. 이 건져 내지 못한 시간의 속뜻에는 '구별하지 못한 시간', 나아가서 '안식을 기억하지 못한 시간'이라는 의미가 있습니다. 방탕한 시간을 살아가는 사람들의 마지막은 어떤 것입니까? 노예의 삶입니다.

눅 15:13-15

> 그 후 며칠이 안 되어 둘째 아들이 재물을 다 모아 가지고 먼 나라에 가 거기서 허랑방탕하여 그 재산을 낭비하더니 다 없앤 후 그 나라에 크게 흉년이 들어 그가 비로소 궁핍한지라 가서 그 나라 백성 중 한 사람에게 붙여 사니 그가 그를 들로 보내어 돼지를 치게 하였는데

방탕한 삶은 결국 궁핍한 삶이고, 다른 사람에게 예속된 삶입니다. 하나님을 떠나 인간의 시간, 허랑방탕한 시간을 살아간 결과 노예로 살게 되었습니다. 내 의지와는 상관없이 이 일, 저 일에 묶이는 것입니다.

—

—

하나님은 남의 일에 묶인 이스라엘 백성을 노예의 삶에서 구원하셨습니다. 애굽의 삶의 방식과 사고방식에서 건져 내셨습니다. 노예로 살아가는 삶, 쉼이 없는 삶, 안식을 기억하지 못하는 삶, 하나님을 잊고 사는 삶에서 건져 내신 것입니다.

하나님은 죄인을 구원해서 이 안식을 돌려주고자 하십니다. 그래서 모세를 통해 안식일을 기억하라 명령하셨습니다.

쉬게 하라, 숨을 돌리라

출 20:9-10

엿새 동안은 힘써 네 모든 일을 행할 것이나 일곱째 날은 네 하나님 여호와의 안식일인즉 너나 네 아들이나 네 딸이나 네 남종이나 네 여종이나 네 가축이나 네 문안에 머무는 객이라도 아무 일도 하지 말라

안식할 때는 너 자신이나 네 자녀들, 네가 고용한 사람들이나 네 집에 찾아온 손님 누구를 막론하고 아무 일도 부탁하거나 시키지 말라고 하십니다. 안식이란 하나님을 기억하는 것입니다. 하나님이 이 모든 것의 시작이고 근원임을 기억하는 것입니다.

안식은 개인적인 성격보다는 공동체적 성격이 강합니다. 내가 쉬겠다고 남에게 일을 시켜선 안 된다는 점에서 그렇습니다. 안식은 인

—
—

간으로서 겪을 수밖에 없는 모든 아픔과 고생들로부터 회복되는 시간입니다. 그런데 나만 회복되면 되겠습니까? 모두 회복되는 게 하나님의 뜻입니다. 하나님은 모든 사람이 안식을 통해 하나님을 기억하길 원하십니다.

칙필레의 창업주 트루엣 캐시가 얼마 전 세상을 떠났습니다. 칙필레는 최근 미국의 주목받는 기업 중 하나로 닭고기 패스트푸드 체인점입니다. 창업주 캐시는 신앙과 경영철학에서 사람들의 존경을 받는 사람입니다. "음식은 생명에 필수적이다. 그러니 좋게 만들라"가 그의 자부심이었고, 주일이면 안식일을 지키기 위해 전국의 모든 매장이 문을 닫았습니다. 또한 동성애 반대를 표명했다가 여러 차례 곤욕을 치렀으나 매출이 줄어들지는 않았습니다.

24시간 휴일 없이 일하는 가게가 늘어나는 추세에서 그의 행보는 시대를 역행하는 것이었지만 하나님의 말씀을 믿음으로 지키는 것이었습니다. 안식을 기억하는 것은 하나님의 시간, 영원을 기억하는 것입니다.

출 20:11

이는 엿새 동안에 나 여호와가 하늘과 땅과 바다와 그 가운데 모든 것을 만들고 일곱째 날에 쉬었음이라 그러므로 나 여호와가 안식일을 복되게 하여 그날을 거룩하게 하였느니라

하나님은 안식을 복되게 하며 다른 시간과 구별하겠다 하십니다.

—

—

안식이란 한자를 보면 '숨을 편안하게 쉬는 것'(安息)입니다. 숨 돌리는 것이지요. 짐승도 쉬고 사람도 숨 좀 돌리라고 하십니다. 하지만 현대 문명은 우리로 하여금 숨쉴 시간도 없이 일하게 합니다. 우리는 하나님의 질서를 끊임없이 거역함으로써 더욱 죄 가운데로 달려가기를 즐겨합니다. 그러나 주님이 숨을 돌리라고 하십니다.

출 23:12
너는 엿새 동안에 네 일을 하고 일곱째 날에는 쉬라 네 소와 나귀가 쉴 것이며 네 여종의 자식과 나그네가 숨을 돌리리라.

하나님은 어디에서 십계명을 주셨습니까? 애굽입니까? 아닙니다. 광야입니다. 왜 광야로 인도하셨습니까? 이스라엘 백성이 숨 좀 돌리게 해달라고, 살려 달라고 부르짖었기 때문입니다. 애굽에서 400년간 노예로 살다가 더 이상 못 살겠다고 부르짖는 그들을 광야로 부르셨습니다. 광야에 오니 아무 일도 할 수 없습니다. 광야는 일할 수 없는 곳이기 때문입니다. 그래서 하나님은 광야에서 만나를 거두는 일 딱 하나를 주셨습니다. 바로 하루 일용할 양식을 챙기는 일입니다. 이틀 분을 챙기면 다 상해서 먹을 수 없습니다.

왜 하나님은 애굽에서 불러내어 만나 훈련을 시키셨습니까? 만나 훈련이 안식 훈련이기 때문입니다. 안식 훈련이 하나님을 기억하는 훈련이기 때문입니다. 하나님을 기억하는 훈련이 인간의 시간에서 하나님의 시간으로 옮겨 가는 훈련이기 때문입니다.

—

—

이스라엘 백성은 모든 것이 바로에게서 온다고 세뇌당한 사람들입니다. 400년 동안 이렇게 세뇌당했기 때문에 바로를 떠나서는 안식할 수 없다고 생각했습니다. 애굽에서는 그들이 하나님을 기억할 도리도, 안식할 도리도 없었습니다. 그래서 하나님은 200만 이스라엘 백성을 건지셔서 하나님을 섬길 수 있도록 광야로 부르셨습니다. 그리고 구름기둥과 불기둥으로 인도하셨습니다. 구름기둥이 발행하면 성막을 거두고 이동해야 합니다. 구름기둥이 멈추면 장막을 쳐야 합니다.

어떤 것도 주체적으로 결정할 수 없는 곳이 광야입니다. 여기에서 하나님의 주권을 인정하는 훈련, 먹는 것이 하나님으로부터 온다는 것을 기억하는 훈련, 하나님이 주시는 것을 하루하루 거두어 먹는 훈련을 통해 드디어 하나님의 백성으로 빚어져 가는 거지요. 핵심은 하나님을 기억하는 겁니다. 이것이 오직 단 하나의 목적입니다. '너희들은 바로의 백성, 세상의 백성이 아니라 하나님께서 먹이고 인도하시는 하나님의 백성'이라는 것을 기억하는 것입니다. 사랑하시기에 자유인으로 만들어 가시는 겁니다. 안식은 자유의 시간입니다. 안식 속으로 들어가지 못하면 진정한 자유를 경험하지 못합니다.

하나님은 더 나아가서 안식일에 일하면 죽이라고 하십니다.

출 31:15

엿새 동안은 일할 것이나 일곱째 날은 큰 안식일이니 여호와께 거룩한 것이라 안식일에 일하는 자는 누구든지 반드시 죽일지니라

—
—

"반드시 죽일지니라." 끔찍한 말씀 아닙니까? 아담과 하와에게도
He shall surely be put to death
선악과를 먹지 말라 명령하시면서 먹으면 '반드시 죽으리라'(창 2:17)고
You will surely die, NIV
하셨습니다. 죽는다는 건 무슨 뜻입니까? 하나님과의 관계가 끊어짐
을 의미합니다. 안식을 잃어버리면 반드시 죽게 되어 있습니다. 하나
님은 '월화수목금금금…'으로 살지 말라고 하셨습니다. 이것은 사람의
시간만 사는 것입니다. 하나님의 시간을 망각하고 하나님을 잊어버린
채 나만 생각하고 사는 시간입니다. 나만 생각하고 살면 잘살 것 같은
데 그것이 곧 죽음의 길이라는 것입니다.

안식은 어떤 것과도 바꿀 수 없는 귀한 시간입니다. 우리는 주일
에 들로 산으로 나가지 않고 왜 교회에 와서 예배드립니까? 하나님을
기억하기 위해서이고, 하나님과의 관계 회복을 통해 모든 것이 회복되
는 것을 경험하기 위해서입니다. 예배드리고 돌아갈 때 회복되길 바랍
니다. 구약과 신약을 먹고 날마다 살아나는 사람이 되길 바랍니다. 그
게 안식의 진정한 의미입니다.

안식을 찾아 주신 예수님

예수님은 안식일을 다시 재정비하셨습니다. 안식을 잃어버린 사
람, 병마에 시달리고, 각종 삶의 어려움에 지치고 눈물짓는 소외된 사
람들을 치유하고 회복시켜 진정한 안식으로 옮겨 놓으셨습니다. 이것

이 진정한 안식의 목적입니다.

막 2:27-28

> 또 이르시되 안식일이 사람을 위하여 있는 것이요 사람이 안식일
> 을 위하여 있는 것이 아니니 이러므로 인자는 안식일에도 주인이
> 니라

안식일은 사람을 위하여 있다는 겁니다. 사람이 회복되고 살아나는
것, 사람이 하나님의 형상을 되찾는 것, 사람이 인간의 시간에서 하나
님의 시간으로 옮겨 가는 것, 그리하여 하나님과 접속되는 것, 이것이
안식입니다.

'안식일을 기억하고 거룩히 지키라'는 말씀을 지키기 위해 사력
을 다하는 것이 틀렸다는 게 아닙니다. 예수님은 깨어진 인간의 시간
을 하나님의 시간으로 회복하는 것이 안식일임을 알려 주고 싶으신
것입니다. 본질을 잃어버린 안식일로는 하나님을 기쁘시게 할 수 없기
때문입니다.

특별히 요한복음 5장에는 베데스다 연못에서 38년 된 병자가 예
수님을 만난 이야기가 나옵니다. 그의 모습은 안식을 잃어버린 인간의
비참한 실상을 보여 줍니다. 베데스다의 38년 된 병자는 자기 힘으로
는 어떤 것도 할 수 없는 사람입니다. 하나님이 보시기에 모든 인간은
이 베데스다 연못의 병자와 다를 바가 없습니다. 예수님은 안식일에
이 사람을 고치심으로 안식일의 진정한 의미가 치유와 회복임을 보여

—

—

주셨습니다. 무엇을 회복합니까? 하나님과의 관계 회복입니다. 저는 여러분이 안식을 통해 하나님을 바라보다 내적 어려움과 질병들이 떠나고 회복되는 걸 경험하게 되길 바랍니다.

그런데 안식일에 대해 오해를 해서는 안 됩니다. 영화 〈불의 전차〉의 실제 모델인 에릭 리델은 1924년 올림픽 100미터 달리기 종목에서 유력한 금메달 후보였지만 경기가 주일에 열린다는 이유로 출전을 포기했습니다. 때문에 영국민들로부터 심한 비난을 받았지만 며칠 후 400미터 경기에 출전해 세계 신기록을 세우며 금메달을 목에 걸었습니다. 이것은 전 세계 사람들을 놀라게 했는데, 그는 사실 예선전에서만도 유력한 우승 후보는커녕 들러리에 불과한 선수였기 때문입니다. 그는 이후에 중국 선교사로 헌신했습니다.

많은 사람들이 자신의 주 종목을 포기하면서까지 주일을 성수한 그를 거울 삼아 "주일에 뛰지 않았더니 그다음 날에 금메달을 땄다"고 말하곤 합니다. 하지만 그렇게 이해하면 주일에 아무것도 못합니다. 중요한 건, 에릭 리델이 경기를 포기하기에 앞서 하나님을 하나님으로 인정하고 존중했다는 본질을 보아야 합니다. 우리 역시 하나님을 하나님으로 대접해야 합니다.

우리는 소중한 사람을 함부로 대하지 않습니다. 부모를 사랑하고 존경하면 함부로 대하지 않습니다. 남편이나 아내를 사랑하고 존경하면 함부로 대하지 않습니다. 하물며 하나님이겠습니까? 하나님을 경외하면 함부로 말하지 않습니다. 하나님을 믿는다면서 법정이나 국회에서 거짓 증언하고, 아무 데나 주차하고 예배드리러 오고, 예배드린 장소를 지저분하게 어지럽힌다면 하나님을 수치스럽게 만들고 함부로 대하는 것입니다.

안식일을 거룩하고도 구별되이 지키는 일은 하나님을 하나님으로 대접하는 일입니다. 하나님은 우리에게 하나님을 하나님으로 인정하고 대접하는 예의범절을 가르치기 위해 이 계명을 주신 것입니다.

우리가 하나님을 하나님으로 대접하는 삶 자체를 안식의 일종으로 봐야 합니다. 우리는 한 주간 내내 안식하면서 일해야 합니다. 인간의 시간 속에서 인간의 일을 하지만 영원한 시간을 살면 안식 가운데 일하게 됩니다. 규정과 규칙에 매여서 본질을 놓치지 않길 바랍니다. 매일 하나님의 주권을 인정하고, 하나님의 감동으로 일하며, 하나님이 공급하시는 힘을 얻어 독수리가 날개 치며 올라가듯 살기를 바랍니다.

기독교는 안식일이 아닌 주일로 하나님을 기억하고 구별해서 지키고 있습니다. 세상 사람들은 주일이 아닌 일요일이라고 부릅니다. 그동안 안식일 논쟁도 있었지만, 교회가 안식일을 일요일로 정해 예배하고 지키는 것은, 예수님이 우리 죄를 대신해 십자가에 못 박혀 죽으시고 3일 만에 부활하시므로, 우리를 죄악에서 구원해 주신 것을 기억하기 위함입니다. 그러니까 기독교의 주일은 예수님이 부활하신 날입니다. 크리스천은 주일에 안식하며 하나님의 구원의 은혜에 감사해서 예배를 드립니다. 주일은 하나님이 누구신지를 기억하며 하나님의 시간으로 회귀하는 시간입니다. 방탕한 시간을 거룩한 시간으로 건져 내어 하나님을 만나는 것입니다.

하나님의 시간 속에서만 치유와 회복이 일어납니다. 하나님이 내 안에 계셔야 회복이 일어납니다.

주일에 충분히 안식하길 바랍니다. 이 안식이 흘러넘쳐서 엿새 동안의 삶이 더욱 안식되기를 바랍니다. 기억하십시오. 우리가 안식을 지키는 게 아니라 안식이 우리를 지킵니다. 내가 주일을 지키는 것이 아니라 주일이 엿새간 나를 지키는 것입니다. 우리는 매 순간 나 자신으로 돌아가 나 자신에 몰입하려는 죄성을 가진 인간입니다. 그렇기에 하나님은 거기서 돌이켜 하나님의 시간 안에서 회복하라고 우리에게 안식을 주셨습니다.

지금 광야를 걷고 있습니까? 광야의 삶이 힘듭니까? 하나님을 바라보십시오. 우리는 포도나무와 가지의 비유를 기억해야 합니다. 하나님을 믿는 건 애쓰고 수고하는 게 아닙니다. 하나님께 붙어 있는 것입니다. 애를 쓰더라도 붙어서 애를 써야지 떨어져서 애를 쓰면 헛일입니다.

하나님이 하나님 되심을 인정하는 것에서부터 안식이 시작됩니다. 우리 모두가 안식의 시간을 통해 영원한 안식에 들어간 믿음의 사람이 되길 바랍니다.

5

믿음이 시간을 거스른다

어떤 기도가 기적을

일으키는가?

속절없이 흘러가는 시간을 다스릴 방법을 알고 있습니까? 성경에는 과거, 현재, 미래로 흐르는 시간의 법칙을 되돌리며 역행하는 놀라운 하나님의 사건이 기록되어 있습니다. 하나님이 만드신 시간의 법칙을 하나님 스스로 깨뜨리시는 사건입니다.

하나님은 히스기야 왕의 생명을 15년 연장해 주셨습니다. 그리고 그 증거로 해를 뒤로 가게 하는 기적도 보여 주셨습니다. 자연의 시간을 거스르는 이 이야기가 믿어집니까? 과연 그런 일이 오늘날에도 일어날 수 있을까요? 자연의 시간이 아닌 하나님의 시간을 살고 싶지 않습니까?

'그때에' 닥친 예기치 못한 고난

열왕기하에는 유다의 13번째 왕 히스기야 이야기가 나옵니다. 그는 이미 북이스라엘의 멸망을 목도했습니다. 그러면서 남유다를 어떻게 지켜야 할지에 대해 고심하며 국정개혁을 실행했습니다. 그 첫 번째가 종교개혁이었습니다.

히스기야 왕은 북이스라엘이 앗수르에게 멸망당하자, 하나님께 돌아가는 것만이 살 길임을 깨닫고 대대적인 종교개혁을 일으킵니다. 다윗 왕 이후 300년 만에 하나님을 제대로 섬기고자 한 것입니다. 아버지 아하스 왕이 닫았던 성전 문을 다시 열고 유월절을 부활시켜 지키도록 하고, 우상숭배가 횡행하던 모든 산당을 폐했으며, 바알 주상과 아세라 목상들을 쪼개고 불태워 버렸습니다. 심지어 모세가 광야에서 죽어 가던 백성을 위해 들었던 구리 놋뱀을 느후스단(놋조각)으로 만들어 버렸습니다. 사람들이 그 구리 놋뱀을 숭상한 까닭입니다. 오늘날 기준으로 보면 국보급 유물을 없애 버린 것입니다.

그런데 이때 예상치 못한 일이 벌어집니다. 당시 앗수르 군대는 이스라엘을 멸망시키고 사마리아 땅에 주둔하고 있었습니다. 이 대군이 예루살렘을 함락하려고 다가온 것입니다. 앗수르의 산헤립 왕은 "하나님이 너희를 절대 지켜 주지 못한다. 히스기야 왕의 말을 믿

—

—

지 말라. 항복하면 좋은 땅을 주겠다"면서 협박하고 회유했습니다. 당시 무소불위의 힘을 가진 앗수르를 상대해 싸웠다간 유다 땅은 그대로 폐허가 될 것이 뻔했습니다. 그런데 설상가상으로 히스기야가 병들어 죽게 되었습니다.

왕하 20:1

그때에 히스기야가 병들어 죽게 되매 아모스의 아들 선지자 이사야가 그에게 나아와서 그에게 이르되 여호와의 말씀이 너는 집을 정리하라 네가 죽고 살지 못하리라 하셨나이다

"그때에" 즉 나라가 반듯이 정리되고 유다가 하나님의 뜻에 따라 세워지는 이때에 죽을병에 걸렸다는 것입니다. 그는 혼신을 다해 종교개혁을 단행했습니다. 왕의 정책에 반발하는 세력도 많았을 것이고, 산당들을 없앨 때 백성의 원성도 상당했을 것입니다. 그럼에도 흔들리지 않고 그 어려운 일을 해냈습니다. 그런데 그 결과가 죽을병이라니요? 오히려 더 건강해야 남은 일을 잘 마무리할 것 아닙니까? 더구나 앗수르의 위협이 목전에 있습니다.

이게 믿는 사람들에게 닥치는 모순적 상황입니다. 신앙인들이 직면하는 믿음의 시련입니다. 히스기야가 악한 짓을 한 게 아닙니다. 유다 왕국의 제1순위 국정 과제는 종교개혁이라 여겨 착실히 실행에 옮겼는데, 그만 병이 든 것입니다.

"너는 집을 정리하라. 네가 죽을 것이다. 더 살지 못하리라."

—

—

믿음의 사람들이 종종 이런 일을 겪습니다. 우리의 뜻대로만 인생을 살게 되지 않습니다. 그래서 방황하고 믿음이 흔들립니다.

"하나님, 어떻게 이럴 수 있습니까? 제가 하나님을 안 믿고 마음대로 살 때는 건강하고 일도 잘되더니 하나님 믿고 제대로 살아 보겠다는데 어떻게 이런 일이 일어납니까? 어째서 이런 일을 허락하십니까?"

흔히 종교를 바꾸면 어려워진다더니 그 때문인가, 다른 신이 질투해서 나한테 해코지하나, 별의별 생각이 다 듭니다. 왜 이런 일이 생깁니까? 그분이 하나님이시기 때문입니다. 기억하십시오. 하나님은 내 뜻이나 내 계획대로 움직이는 분이 아닙니다.

이런 일을 당하면 당황하게 됩니다. 그러나 우상숭배에서 반드시 떠나야 합니다. 하나님 신앙으로 반드시 돌아와야 합니다. 하나님은 죽을 것 같지만 죽게 하지 않으십니다. 우상은 살릴 것 같지만 살게 하지 않습니다. 여러분이 하나님의 택함을 받았으면 끝까지 믿음을 지킬 수 있기를 바랍니다. 암에 걸려도, 부도가 나도, 죽을병에 걸려도 믿음을 지키는 게 신앙의 뿌리이고 본질입니다.

히스기야 왕에게 하나님의 말씀을 전하는 이사야의 마음도 착잡했을 것입니다. "곧 나을 테니 염려하지 마십시오. 기도하십시오. 살길이 있습니다. 강하고 담대할지어다" 같은 위로의 말을 전하고 싶었을 것입니다. 그런데도 아파서 병석에 누운 왕에게 이사야는 하기 힘든 말을 전했습니다. 왜 그렇습니까? 하나님의 말씀이기 때문입니다. 선지자는 들은 대로 전해야 할 책임이 있기 때문입니다.

—
—

오늘날 영적 리더가 이사야와 같은 상황에 맞닥뜨렸다면 어떻게 했겠습니까? "정리하고 죽을 준비하세요"라고 했을까요? 아마 많은 사람들이 악역을 피하고 싶을 것입니다. 이것이 오늘날 교회의 문제입니다. 목사는 성경이 말씀하는 대로 전해야 할 책임이 있습니다. 목사가 강단에 서서 하나님의 말씀이 아니라 내 생각을 전할 때 교회가 소란스러워집니다. 하나님의 말씀이 이해되지 않는다고 내 생각을 고집할 때 교회가 분열됩니다. 하나님의 말씀만 선포하면, 사람의 반응은 두 가지밖에 없습니다. 딴사람처럼 변하거나 아니면 그 모습 그대로 떠나거나입니다. 구원을 받아들이거나 구원을 거부하거나 둘 중 하나인 것입니다. 말씀이 영혼을 찔러 쪼개는데 그 말씀 앞에 어찌 달라지지 않겠습니까?

이사야의 말을 들은 히스기야는 그 엄청난 소식에도 불구하고 하나님의 시간을 구하기 시작했습니다.

믿음의 눈물이 하나님을 움직인다

왕하 20:2-3

히스기야가 낯을 벽으로 향하고 여호와께 기도하여 이르되 여호와여 구하오니 내가 진실과 전심으로 주 앞에 행하며 주께서 보시기에 선하게 행한 것을 기억하옵소서 하고 히스기야가 심히 통곡하더라

—
—

94

히스기야 왕의 반응이 참으로 놀랍습니다. 선한 일을 많이 한 자기에게 어째서 병든 몸만 허락하시냐고 원망할 만한데, 그는 전혀 흔들리지 않고 하나님께 매달립니다. 이사야서에는 히스기야 왕의 기도가 좀 더 자세하게 기록되어 있습니다.

사 38:16-17

주여 사람이 사는 것이 이에 있고 내 심령의 생명도 온전히 거기에 있사오니 원하건대 나를 치료하시며 나를 살려 주옵소서 보옵소서 내게 큰 고통을 더하신 것은 내게 평안을 주려 하심이라 주께서 내 영혼을 사랑하사 멸망의 구덩이에서 건지셨고 내 모든 죄를 주의 등 뒤에 던지셨나이다

기도도 할 수 없는 어려운 상황이지만 히스기야는 하나님만 바라보기 위해 벽을 향해 돌아앉았습니다. 사람이나 의술, 그 어느 것에도 의존하지 않고 오직 하나님만 바라보며 매달렸습니다. 그는 이 사건을 지극한 평강을 가져올 믿음 사건으로 이해한 것입니다.

이사야 선지자가 와서 죽게 되었다는 말을 전했을 때 그는 "아멘" 하고 화답하지 않았습니다. 히스기야는 전심으로 하나님께 구하며 통곡했습니다.

"하나님! 죽고 사는 것은 하나님의 소관입니다. 저는 이 병이 하나님께서 제게 평안을 주시기 위한 병, 믿음을 위한 병, 구원을 위한 병이라고 믿습니다. 고쳐 주시고 살려 주십시오."

—

—

구원이란 내 시간이 끝나고 하나님의 시간이 시작되는 사건입니다. 지금까지 히스기야는 사람들에게 인정받고 칭찬받는 믿음의 소유자였는지 모릅니다. 그리고 하나님은 히스기야에게 하나님 앞에서 고백할 수 있는 진정한 믿음, 모든 것이 사라지더라도 오직 하나님만 붙잡는 믿음을 부어 주기 위해 이런 사건을 만드신 것인지도 모릅니다.

하나님은 눈물에 약하십니다. 하나님은 인간의 눈물을 그냥 보고만 있지 않으십니다. 간구와 탄원의 눈물은 병에 담으십니다. 하나님은 사라에게 쫓겨난 하갈이 광야에서 통곡하며 기도하자 물을 주시고 이스마엘을 축복하셨습니다. 하나님은 자녀가 없어 브닌나에게 멸시당하고 눈물로 통곡하는 한나에게 사무엘을 주셨습니다. 하나님은 사사시대에 눈물로 부르짖는 이스라엘 백성에게 계속해서 사사를 보내주셨습니다.

히스기야가 이렇게 기도했을 때 놀라운 응답을 받았습니다.

왕하 20:4-6

이사야가 성읍 가운데까지도 이르기 전에 여호와의 말씀이 그에게 임하여 이르시되 너는 돌아가서 내 백성의 주권자 히스기야에게 이르기를 왕의 조상 다윗의 하나님 여호와의 말씀이 내가 네 기도를 들었고 네 눈물을 보았노라 내가 너를 낫게 하리니 네가 삼 일 만에 여호와의 성전에 올라가겠고 내가 네 날에 십오 년을 더할 것이며 내가 너와 이 성을 앗수르 왕의 손에서 구원하고 내가 나를 위하고 또 내 종 다윗을 위하므로 이 성을 보호하리라 하

—
—

셨다 하라 하셨더라

믿음의 눈물이 하나님을 움직입니다. 하나님의 시간을 거스릅니다. 기도를 올려드렸더니 하나님이 즉각 응답하셨습니다. 이사야가 하나님의 말씀을 히스기야 왕에게 전하고 성읍을 빠져나가기도 전에 말씀이 임했습니다. 이 말씀을 통해 우리는 인생의 시간에 관해 새로운 관점과 믿음을 얻게 됩니다.

어떤 기도는 살아생전에는 아무런 응답이 없다가 죽은 뒤에야 응답되기도 합니다. 그렇더라도 하나님은 우리의 기도를 들으시고 들은 기도는 반드시 응답하십니다. 응답의 때와 방법은 전적으로 하나님의 소관입니다.

입을 만드신 하나님께서 말씀하시고, 귀를 만드신 하나님께서 기도를 들으시고, 눈을 만드신 하나님께서 사람의 일거수일투족을 다 보고 계신다는 것이 우리 믿음의 기초입니다. 이 믿음이 흐트러지면 우리의 신앙이 흐트러집니다. 주님 앞에 서 있다면 어찌 그리 자주 넘어질 수 있겠습니까. 히스기야의 통곡의 기도를 보면서 나는 언제 통곡하며 기도했는지 다시 한 번 기억할 수 있기를 바랍니다. 이 시대를 향해서, 다음 세대를 향해서, 북한을 향해서, 열방을 향해서 통곡의 기도가 있어야 할 줄 믿습니다.

히스기야는 살려 달라고 기도했지만 하나님은 보너스로 모든 것을 약속하셨습니다.

"3일 만에 네가 나아서 성전에 올라갈 것이다. 그리고 내가 네 수명을 15년 더할 것이다. 그리고 앗수르로부터 예루살렘을 건져 줄 것이다."

자연인 히스기야에게 주어진 육신의 시간은 오늘로 끝이나, 하나님의 종 히스기야의 수명은 이제부터 15년 더해졌습니다. 이 15년은 하나님의 사람 히스기야에게 주어진 비전의 시간입니다. 하나님은 우리가 구하지 않은 것까지 응답하시는 분입니다. 하나님은 더 주고 싶어 하시지 인색하게 응답하시는 분이 아닙니다. 우리가 받을 준비가 되어 있고, 말씀 안에서 진심으로 구했다면 하나님은 넘치게 부어 주십니다. 예수님이 말씀하십니다.

마 6:33
너희는 먼저 그의 나라와 그의 의를 구하라 그리하면 이 모든 것을 너희에게 더하시리라

기도의 목적은 먼저 하나님 나라와 그 의를 구하는 것입니다. 이것이 크리스천의 기도입니다. 내 기도를 내려놓고 열방을 위해 기도했더니 어느 새 내 문제까지 해결되었다는 간증이 우리에게 있어야 하지 않겠습니까? 솔로몬은 지혜를 구했지만 하나님은 부귀도 함께 주셨습니다. 내 문제를 가지고 기도로써 하나님과 협상을 해 보겠다는 생각으로는 응답 받을 수 없습니다. 간신히 기도하고 간신히 받는 기도생활에서 벗어나길 바랍니다. 하나님 나라와 의를 위해 기도하고, 타인을

위해 중보했더니 내 기도는 덤으로 주셨다는 간증이 넘치길 바랍니다.

히스기야는 목숨이 15년 더 연장되었을 뿐만 아니라 앗수르 대군을 막아 주시겠다는 약속까지 받았습니다. 어쩌면 앗수르에 대해 갖고 있던 두려움을 넉넉히 이길 만한 믿음을 주시기 위해 히스기야에게 병이라는 믿음 사건을 허락하셨을지도 모릅니다. 내가 해결하기 어려운 문제가 있다면 하나님이 내게 무엇을 부어 주시고 어떤 은혜를 일으키시려는지를 기대하십시오. 고난이 믿음 사건으로 변화될 것입니다.

왜 하나님은 히스기야의 기도에 바로 응답하셨습니까?

> 왕하 20:6
> 내가 네 날에 십오 년을 더할 것이며 내가 너와 이 성을 앗수르 왕의 손에서 구원하고 내가 나를 위하고 또 내 종 다윗을 위하므로 이 성을 보호하리라 하셨다 하라 하셨더라

하나님께서 '나를 위하고 또 내 종 다윗을 위하므로 이 성을 보호하리라' 하십니다. 다윗이 하나님의 성전을 짓고자 했을 때 하나님은 이를 말리시며 다윗과 그의 집을 견고케 하겠다고 약속하셨기 때문에 그 약속에 따라 예루살렘 성을 지켜 주시겠다는 것입니다. 또 하나님은 스스로의 이름을 위해 일하십니다. 왜 그렇게 일하십니까? 하나님 나라란 곧 하나님이기 때문입니다. 하나님은 더 나은 명분을 위해 일할 수 없습니다. 하나님이 완전히 선하시기 때문에 더 선한 목적으로 일

—

—

할 수 없습니다.

　종교는 인간이 하나님을 이용하는 겁니다. 인간의 목적을 위해 얼마든지 신과 협상할 수 있다는 게 종교적 속성입니다. 그러나 우리 신앙의 뿌리는 하나님이 우리를 위해 존재하시는 분이 아니라 우리가 하나님을 위해 존재하는 것입니다. 하나님은 당신 자신을 위해 인간을 창조하셨습니다. 우리에게는 하나님을 위해 일하는 특권이 주어졌습니다. 이 순서가 바뀌면 우리는 신앙의 본질로 돌아가지 못합니다.

　다윗이 이 사실을 깨달았습니다. '나 때문에 죄를 용서해 주시는 것이 아니구나. 하나님은 하나님의 이름 때문에 하나님의 자녀를 돌이키시고 옳은 길을 걷게 하시는구나.'

　하나님은 그런 깨달음을 고백한 다윗을 '내 마음에 꼭 드는 사람'이라고 칭찬하셨습니다. 다윗이 하나님의 마음에 든 것은 그가 흠이 없는 사람이어서가 아니라 하나님이 어떤 분인 줄 알았기 때문입니다. 그는 실수가 많았습니다. 해서는 안될 일도 저질렀습니다. 그러나 하나님은 '자기 이름을 위하여 의의 길로 인도하시는 분'(시 23:3)이라고 고백하는 다윗의 중심을 보셨습니다. 하나님은 그분의 영광을 위하여 기어이 우리를 구원하시는 분이라는 신앙고백입니다.

　우리가 개인적 어려움과 고난을 가지고 하나님께 나왔다 할지라도 하나님은 그 문제를 통해 하나님을 바라보게 하시고 하나님께 시선을 맞추게 하십니다. 마치 히스기야가 벽을 보고 하나님을 향하여 전심으로 부르짖었듯이, 우리가 하나님께 시선을 맞출 때 나는 간곳없고 구속하신 주만 보게 하십니다. 그러면 기도는 이미 응답된 것입니다. 지극히 작은 내 문제, 지나고 보면 아무것도 아닌 문제로 시름했다 할지라도 크고 위대하신 하나님을 놓치지 않게 되길 바랍니다.

시간을 거스르는 믿음

왕하 20:8-11

히스기야가 이사야에게 이르되 여호와께서 나를 낫게 하시고 삼일 만에 여호와의 성전에 올라가게 하실 무슨 징표가 있나이까 하니 이사야가 이르되 여호와께서 하신 말씀을 응하게 하실 일에 대하여 여호와께로부터 왕에게 한 징표가 임하리이다 해 그림자가 십도를 나아갈 것이니이까 혹 십도를 물러갈 것이니이까 하니 히스기야가 대답하되 그림자가 십도를 나아가기는 쉬우니 그리할 것이 아니라 십도가 뒤로 물러갈 것이니이다 하니라 선지자 이사야가 여호와께 간구하매 아하스의 해시계 위에 나아갔던 해 그림자를 십도 뒤로 물러가게 하셨더라

이사야 선지자는 성 안으로 돌아와 이 메시지를 전합니다. 사실 히스기야에게 사형선고를 내리고 바로 돌아와 이 말씀을 전하기가 쉽지는 않았을 것입니다. 선지자의 체면이 말이 아닙니다. 그러나 하나님의 말씀이 중요했기에 그는 전했습니다 히스기야 왕도 이토록 즉각적인

—

—

기도 응답에 놀랐을 것입니다.

"하나님, 약속해 주시니 감사합니다. 그런데 무슨 사인이 있어야 하지 않겠습니까?"

히스기야 왕이 대답합니다. 그러자 이사야가 그에게 묻습니다.

"아하스 왕이 만든 해시계의 막대기 그림자가 옮겨질 것입니다. 그림자가 앞으로 가는 쪽을 원하십니까, 아니면 뒤쪽으로 가는 것을 원하십니까?"

히스기야의 아버지인 아하스 왕이 일영표(日影表)라는 해시계를 만들었는데, 이는 그림자 길이로 시간을 가늠하는 시계입니다.

히스기야가 곰곰이 생각하더니 이렇게 말합니다.

"아무래도 해가 뜰 때 앞으로 가기는 쉬워도 뒤로 가기는 어렵지 않겠습니까?"

아마 이사야는 속으로 '아직 히스기야 왕이 하나님을 잘 모르는구나. 앞으로 가든 뒤로 가든 하나님께 더 어렵고 더 쉽고가 어디 있겠는가' 했을 것입니다. 어쨌든 하나님은 히스기야의 요청대로 해시계 그림자가 10도 뒤로 가도록 해 주셨습니다.

이러한 사건이 믿어집니까? 여러분이 이 사실을 믿는다고 하면 사람들은 어김없이 두 가지 반응으로 나뉠 것입니다. "네가 미쳤구나"가 한 부류요, "네가 정말 믿음이 좋구나"가 다른 부류입니다. 태도를 결정해야 합니다. 믿음은 이성을 뛰어넘습니다. 판단과 경험 너머의 세계입니다. 그래서 이걸 믿음으로 받아들이지 않으면 신앙이 생장점을 넘어서지 못하고 멈춥니다. 하나님께서 낫게 해 주시겠다는데 왜 히스기야가 내기를 겁니까? 배짱이 대단하지 않습니까? 왜 하나님은 그의 요청을 들어주셨습니까? 내기도 믿음이 있어야 하기 때문입니다. 하나님이 그 내기를 믿음으로 간주해 주십니다.

사사 시대 때 기드온도 하나님의 약속을 확신할 증거를 보여 달라고 요구했습니다.

"하나님이 정말 계시다면 주위에는 이슬이 내리지 않고 양털만 젖게 해주십시오."

하나님이 그의 요구대로 행하시자 기드온은 그래도 의심스러웠는지 한 번 더 표징을 보여 달라고 했습니다.

"정말 양털만 젖었네요. 그렇지만 한 번만 더 보여 주십시오. 이번에는 양털 위에만 이슬이 내리지 않게 해 주십시오."

하나님은 그 요구에도 응답하셨습니다.

예수님도 믿음의 내기를 해 보라고 하셨습니다.

눅 17:6

> 너희에게 겨자씨 한 알만한 믿음이 있었더라면 이 뽕나무더러 뿌리가 뽑혀 바다에 심기어라 하였을 것이요 그것이 너희에게 순종하였으리라

'하나님을 100퍼센트 신뢰하는 믿음이 있다면 명령해 보아라. 그대로 이루어질 것이다'라는 의미입니다. 믿는 만큼 기도하고, 믿는 만큼 하

나님께 구하는 것입니다. 저는 하나님께서 이런 것들을 들어주시는 게 너무 재밌습니다.

제가 아는 자매 중 골초가 있습니다. 담배를 못 끊어서 고민하다가 기도했습니다.

"하나님, 살아 계시면 담배 좀 끊게 해 주세요. 제가 담배를 끊으면 하나님을 정말 믿겠습니다."

그 자매가 이렇게 기도한 뒤 부엌에 가서 담배를 꺼내어 한 모금 깊이 들이마셨습니다. 그 순간 자매는 기절해서 한참 후에야 깨어났습니다. 자매는 그 뒤로도 한 번 더 담배를 물었는데 너무 써서 피우지 못했다고 합니다. 자매는 그 뒤로 담배를 끊었고 하나님의 살아 계심을 믿게 되었습니다.

이렇게 하나님이 믿음의 내기를 기꺼이 받아 주시는 까닭은 믿음 사건을 만들어 주시기 위함입니다. 믿음의 눈을 떠서 하나님을 만나게 하기 위함입니다.

여호수아는 위대한 믿음의 사람인 모세의 비서실장 출신입니다. 그는 광야에서 하나님의 일하심을 보았습니다. 반석에서 물이 터지고, 하늘에서 만나가 내리는 걸 목도했습니다. 일생 동안 기적을 목격한 여호수아였지만 모세의 뒤를 이어 이스라엘 백성의 지도자가 되자 두려움에 사로잡혔습니다. 그런 그에게 하나님께서 직접 말씀하십니다.

수 1:9

강하고 담대하라 두려워하지 말며 놀라지 말라 네가 어디로 가든
지 네 하나님 여호와가 너와 함께하느니라

말씀대로 하나님은 여호수아와 함께하셨습니다. 여호수아는 가나안
전쟁을 앞두고 하나님의 사자를 만났습니다. 또한 홍해가 갈라졌듯 요
단 강 물이 멈추는 것을 보았고 여리고 성이 무너지는 것을 두 눈으로
확인했습니다. 그는 이 전쟁이 하나님께서 직접 이끄시는 전쟁임을 믿
었고, 이것은 그의 신앙의 기초가 되었습니다. 그랬기에 그는 아모리
와의 전투에 임하면서 믿음으로 중천의 해와 달을 멈추도록 하나님께
기도할 수 있었습니다.

수 10:12-13

여호와께서 아모리 사람을 이스라엘 자손에게 넘겨주시던 날에
여호수아가 여호와께 아뢰어 이스라엘의 목전에서 이르되 태양아
너는 기브온 위에 머무르라 달아 너도 아얄론 골짜기에서 그리할지
어다 하매 태양이 머물고 달이 멈추기를 백성이 그 대적에게 원수
를 갚기까지 하였느니라 야살의 책에 태양이 중천에 머물러서 거의
종일토록 속히 내려가지 아니하였다고 기록되지 아니하였느냐

어떤 사람들은 이 사건을 상징적으로 해석하기도 하지만 문자 그대로
믿어야 할 일은 문자 그대로 믿어야 합니다. 이걸 못 믿고 다르게 해석
하는 이유는 창세기 1장 1절을 못 믿기 때문입니다. 창조 신앙이 하나

—

—

님을 믿는 신앙의 출발입니다. 하나님이 천지를 창조하시고 인간을 지으셨다는 게 믿어져야 갈등이 없습니다. 그걸 믿지 않으면 신앙이 흔들립니다. 예배드리러 와서도 기쁨이 없고 헛갈립니다. 창세기가 믿어지지 않으면 계시록 역시 믿지 못하게 됩니다. 창조론을 안 믿으면 진화론을 믿겠지요. 원숭이가 아버지이고 아메바가 할아버지라는 것을 믿는다는 말입니다. 둘 중 하나를 택해야 합니다. 우리는 창조도 본 적이 없고 진화의 과정도 목격한 적이 없습니다. 둘 다 믿음일 뿐입니다. 어떤 믿음을 택하겠습니까?

저는 나이 53세에 보스턴으로 신학 공부를 하러 가면서 여호수아의 말씀을 붙들고 하나님께 기도했습니다.

"하나님 아버지! 저는 하나님께서 기브온 위에 해를 멈추고 아얄론 골짜기에 뜬 달을 머무르게 하셨다는 것을 믿습니다. 하나님께서 해와 달을 만드셨고 시간을 창조하셨다는 것을 믿습니다. 다들 제가 너무 많은 나이에 신학교 간다고 돌아서서 비웃습니다. 한 가지를 구하겠습니다. 신학 공부하는 시간을 멈춰 주십시오. 쉰셋에 떠났다가 쉰셋에 돌아오게 해주십시오."

이 기도가 응답되었을까요? 저는 돌아왔을 때 이 기도가 응답된 것을 알았습니다. 단 한 사람도 제가 늙었다고 말하지 않았습니다. 오히려 더 젊어져서 돌아왔다고 말해 주었습니다. 물론 제 물리적 나이는 4년 더 늙어서 돌아왔지만요. 와중에 병이 나고 죽을 고비를 넘기기도 했지만, 저는 하나님께서 믿음의 사람에게 시간이 걸리는 소명

—

—

을 주셨을 때 그에게 필요한 시간을 함께 주신다는 것을 믿게 되었습니다. 기억하기 바랍니다. 우리는 늙어서 죽는 것이 아닙니다. 할 일이 끝나서 죽는 것입니다. 그리고 소명이 없다면 살아도 이미 죽은 목숨입니다.

> 롬 8:18
> 생각하건대 현재의 고난은 장차 우리에게 나타날 영광과 비교할 수 없도다

누가 고난을 일부러 찾아가겠습니까? 고난의 의미를 아는 사람, 미래라는 시간에 가 본 사람이 고난을 감당합니다. 장차 올 영광의 시간에서 현재의 고난을 바라보면 고난을 고난으로 여기지 않게 됩니다. 고난을 하나님께서 감추어 둔 축복의 사건으로 이해하게 됩니다. 고난의 끝이 비할 수 없는 하나님의 영광의 시간들이 될 것을 믿음으로 고백하게 됩니다. 그러면 우리 삶의 태도나 얼굴빛이 달라지지 않겠습니까?

인간의 시간이 재창조되는 하나님의 시간

> 왕하 20:7
> 이사야가 이르되 무화과 반죽을 가져오라 하매 무리가 가져다가 그 상처에 놓으니 나으니라

—
—

히스기야의 병이 나았습니다. 무화과 때문에 나은 것이 아닙니다. 낫게 하실 것이어서 나은 것입니다. 이미 믿음의 사인을 받았기에 나은 것입니다. 예수님은 혈루병을 앓은 여인을 고치신 뒤 "네 믿음이 너를 구원하였다"고 말씀하셨습니다. 무슨 말입니까? 그녀는 지금까지 병을 고치겠다는 의지로 사방을 헤매며 다녔으나 돈만 쓰고 고생만 했습니다. 그러다 예수님이 그녀의 병을 고쳐 주실 거라는 믿음을 갖게 되었습니다. 드디어 바른 믿음의 길을 찾은 것입니다. 믿음으로 예수님을 만났고 그 믿음이 응답된 것입니다.

요셉이 팔려 가고 감옥에 갔으나 그 시간이 영원의 시간으로 이어져 구원의 사건으로 기록된 것을 우리는 압니다. 이 일이 하나님의 일이라는 믿음은 시간을 인내하게 만듭니다. 그 믿음은 시간을 뛰어넘고 시간을 거스릅니다. 과거를 재창조하며 미래를 새롭게 잉태합니다. 믿음은 그래서 하나님의 시간 속에서 인생 전체를 재창조하는 능력입니다.

저는 돌아보면 악몽과 같은 시간들이 많았습니다. 그러나 예수님이 제 인생에 찾아오시자 해석되지 않던 과거의 시간들이 모자이크처럼 조각조각 맞춰지기 시작했습니다. 미래의 시간에 대해서도 전혀 다른 소망이 생겼습니다. 예수님은 우리의 시간 전체를 재창조하시는 분입니다. 예수님은 그것을 '거듭남'이라고 하셨습니다.

요 3:5-7
사람이 물과 성령으로 나지 아니하면 하나님의 나라에 들어갈 수

—

—

없느니라 육으로 난 것은 육이요 영으로 난 것은 영이니 내가 네게 거듭나야 하겠다 하는 말을 놀랍게 여기지 말라

예수님 당시 가장 유명한 종교인의 한 사람이던 니고데모가 찾아왔을 때 예수님은 '거듭난다'는 것이 무엇인지를 알려 주셨습니다.

인간의 신념과 열심으로는 어떤 과거도 바꾸지 못합니다. 미래는 개선할 수 있습니다. 그러나 인간은 어떤 열심으로도 창조할 수 없습니다. 창조는 하나님의 영역입니다. 하나님을 만난 사람들은 시간이 창조되는 걸 경험합니다. 그래서 인생이 새롭게 해석되는 것입니다. 그때 비로소 현재가 더 이상 나를 제한하는 시간이 아니라 오히려 해방의 시간, 자유의 시간, 하늘의 시간, 구원의 시간, 영원의 시간으로 이해됩니다.

사도 바울은 자신의 야망에 불탔던 사람입니다. 그는 예수님을 만나기 전까지 하나님의 이름으로 자신의 이름을 위해 줄달음쳤습니다. 그가 예수님을 만난 뒤 새로운 시간에 눈을 뜨면서 발견한 것이 '영광'입니다. 부활하신 주님을 만남으로써 그는 영원의 시간에 접속되었고, 그 하나님의 시간에서 인간의 시간을 바라보기 시작했습니다. 구원은 미래에서 현재를 바라보는 사건입니다. 미래에서 현재가 해석되기 시작하고 미래에서 과거가 해석되는 사건입니다. 바울이 하나님의 시간에 붙들리고 하나님의 영광에 눈떴을 때 그의 인생 전체가 새롭게 해석되고 놀랍게도 질적으로 전혀 다른 삶을 살기 시작했습니다.

—
—

구원받았다면 이제부터는 내 야망과 계획과는 질이 다른 시간을 살아야 합니다. 하나님은 그런 시간을 우리에게 선물하기 원하십니다. 우리가 하나님의 시간을 살 때 우리 삶에 일어나는 하나님의 사건을 통해 하나님이 계시됩니다.

히스기야 왕의 기도를 들으신 하나님은 그를 살리셨을 뿐 아니라 앗수르 대군을 철수시키셨습니다. 하룻밤 사이에 18만 5000군사가 죽고 썰물처럼 물러간 것입니다. 더구나 산헤립 왕은 앗수르로 돌아간 뒤 아들들의 반역으로 죽고 맙니다. 당시 대제국이던 앗수르를 하나님께서 한순간에 물리치신 것입니다.

그런데 문제는 여기서부터 시작되었습니다. 새로운 강자 바벨론 사람이 유다를 방문했을 때, 히스기야 왕이 교만해져서 성전과 왕궁의 기물을 자랑했습니다. 이것이 왜 문제가 되냐면, 히스기야 왕이 자랑한 것이 하나님이 아니라 자신이었기 때문입니다. 그는 받은 시간으로 자기 영광을 추구하는 잘못을 저지르고 말았습니다. 그의 시간은 다시 인간의 시간으로 환원되고 말았습니다. 이것이 빌미가 되어 훗날 남유다는 바벨론 제국의 침략을 받아 멸망하게 됩니다.

구원받은 사람은 구원받은 시간을 살아야 합니다. 그럴 때 그 삶을 통해 믿지 않는 사람들이 변화될 거라 믿습니다. 하나님의 뜻은 피조물인 우리가 하나님을 알고 하나님의 뜻 안에 머무르며, 하나님의 백성으로서 하나 되고, 하나님의 사랑 안에 거하는 것입니다.

하나님의 일을 하고 싶습니까? 하나 되기를 힘쓰십시오. 하나님

—

—

의 가정을 원하십니까? 부부가 서로 사랑하기 위해 목숨을 거십시오. 하나님의 뜻과 때를 알고 싶습니까? 십자가를 바라보십시오.

하나님을 위해 내가 존재하고 하나님을 위해 내가 일할 수 있다는 사실을 인정하는 것이 겸손의 시작이자 믿음의 시작입니다. 나아가 내가 내 것으로 일하는 것이 아니라 하나님의 것으로 하나님의 일을 한다는 것이 겸손의 성장입니다. 죽을힘을 다한 뒤에 내가 아무것도 한 것이 없다고 자각하는 것이 겸손의 성숙입니다. 하나님이 나를 위해 일한다고 생각하는 것이 영적 교만의 뿌리입니다. 복음 안에 스며든 이단이며 가짜 복음입니다. 그러므로 하나님께 끝까지 쓰임 받는 단 한 가지 조건은 겸손입니다.

6

인간의 시간, 하나님의 시간

하나님의 시간표를

따르고 있는가?

구원의 본질은 시간의 구원입니다. 육신의 생명이 다하면 끝나는 것이 아니라, 이 땅의 시간 너머 영원한 시간으로 가는 것입니다. 구원은 우리가 하나님의 시간으로 옮겨 가는 것이며, 죄의 삯인 죽음으로부터 건짐 받는 것입니다. 따라서 구원은 사망에서 생명으로 옮겨지는 사건이고, 땅의 시간에서 하늘의 시간으로 옮겨지는 사건입니다.

시간의 차원에서 구원을 이해한다면 우리는 예수님이 이 땅에 오신 목적을 다시 한 번 조명할 수 있습니다. 예수님이 왜 십자가에 달리셔야 했나, 왜 우리에게 새로운 시간을 허락하기 위해 그토록 애쓰셨나를 깨닫게 됩니다.

누군가 개미를 너무나 사랑한 나머지 스스로 개미가 되었다면 믿어집니까? 개미가 끝없이 절벽에서 떨어지는 것을 보다 못해 사람이 자기 아들을 개미가 되게 해서 개미 떼 안으로 들여보내 개미들에게 그 길로 가서는 안 된다고 소리치도록 했다면 믿겠습니까? 하나님의 구원 사건은 그런 것입니다. 하나님은 인간을 사랑하셔서 아들을 보내셨습니다.

요 3:16

하나님이 세상을 이처럼 사랑하사 독생자를 주셨으니 이는 그를

믿는 자마다 멸망하지 않고 영생을 얻게 하려 하심이라

예수님은 이 땅의 것을 전부로 알고 사는 인간들에게 더 크고 아름다운 세상이 있음을 알려 주러 오셨습니다. 그리고 인간을 사망에서 영원한 생명으로 옮기기 위해 오셨습니다. 그러나 예수님은 인간의 자발적 동의를 기대하고 오시지는 않았습니다. 예수님이 십자가에서 죽임을 당하고 사흘 뒤에 다시 부활할 것임을 제자들에게 미리 알려 주셨을 때 오히려 그들은 예수님의 말씀이 무슨 뜻인지 제대로 알지 못했습니다. 게다가 베드로는 그러면 안 된다고 펄쩍 뛰었습니다.

예수님의 메시지는 종교 전문가들을 언짢게 만들었습니다. 점차 대중에게서 배척당하기 시작했고, 마침내는 제자들로부터도 외면당했습니다. 예수님은 십자가를 지기 위해 배척당하는 길을 걸으셨습니다.

예수님의 목적 vs. 사람의 목적

오병이어의 기적은 이스라엘 백성이 광야를 전전할 때 하나님께서 만나를 내려 준 사건에 비견됩니다. 어떻게 보리떡 다섯 개와 물고기 두 마리로 5천 명을 먹입니까? 이런 엄청난 사건은 인류의 역사에 존재하지 않았습니다. 그러니 그 사건이 메시아적 사건임을 대중이 눈치챘습니다. '예수님이라면 우리를 넉넉히 먹이시겠구나. 저분의 능력이면 우리를 로마의 압제로부터 구원할 수 있겠구나. 그래, 저분은 정치적 경제적 군사적 메시아가 될 만하다.' 그래서 사람들이 따르기 시작했습니다. 그런데 예수님은 대중에게 몹시 불편한 말씀을 하십니다.

> 요 6:26-27
> 예수께서 대답하여 이르시되 내가 진실로 진실로 너희에게 이르노니 너희가 나를 찾는 것은 표적을 본 까닭이 아니요 떡을 먹고 배부른 까닭이로다 썩을 양식을 위하여 일하지 말고 영생하도록 있는 양식을 위하여 하라 이 양식은 인자가 너희에게 주리니 인자는 아버지 하나님께서 인치신 자니라

"너희들이 나를 따르는 목적이 무엇이냐? 너희들은 왜 이렇게 나를 따라오느냐? 먹고 배부르기 위함이 아니냐?" 예수님이 독하게 말씀하십니다. 때로는 가슴 서늘하게 말씀하십니다. 예수님은 늘 듣기 좋고 달콤한 말만 하시는 분이 아닙니다. 오늘날 더 잘 먹고 더 잘사는 것을

목적으로 교회 다니는 사람들을 향해서 이렇게 말씀하십니다.

"너희들, 왜 교회 나오니? 먹고 배부르기 위해서 그러는 거니? 썩을 양식을 위해 일하지 마라. 썩지 않을 양식, 영원한 양식을 위해 일하라."

듣기에 얼마나 불편합니까? 주님은 인생 전체의 시간을 세상적 가치를 위해 쓰지 말라고 하십니다. 오히려 썩지 않을 양식, 영원한 양식, 영원한 생명 되신 예수 그리스도가 누군지 알아 가는 삶을 살라고 말씀하십니다.

그러더니 예수님은 더욱 듣기 민망한 말씀을 하십니다.

요 6:54-55

내 살을 먹고 내 피를 마시는 자는 영생을 가졌고 마지막 날에 내가 그를 다시 살리리니 내 살은 참된 양식이요 내 피는 참된 음료로다

예수님은 무리에게 내 살을 먹고 내 피를 마시라고 하십니다. 이 말씀을 들은 많은 사람이 예수님의 곁을 떠났습니다.

요 6:66

그때부터 그의 제자 중에서 많은 사람이 떠나가고 다시 그와 함께 다니지 아니하더라

예수님을 따르던 무리는 그분의 기적을 직접 보고 체험했습니다. 그런

—

—

데 그들은 왜 예수님을 떠났습니까? 잘 먹고 배부르기 위해서 왔는데 오히려 귀에 거슬리는 이상한 소리를 들으니 마음에 안 드는 것입니다. 지금도 그렇습니다. 많은 사람이 예수님의 말씀을 들으러 왔다가 듣기 불편해서 교회를 떠납니다. 그런데 그런 사람들이 교회를 떠나는 것은 정상적인 현상입니다.

이 시대의 위기는 정치적, 경제적 위기가 아닙니다. 영적인 위기입니다. 주님의 말씀대로 살지 못하는 우리, 교회로 부르셨지만 교회에 다니는 것에 만족한 우리가 그 위기의 출발점입니다. 교회에서 듣기 좋은 메시지만 선포되므로 떠나야 할 사람들이 안 떠나고 오히려 더 불어나기에 위기입니다.

예수님의 목적은 우리와 다릅니다. 우리는 더 풍요로운 삶을 목적으로 삼지만 예수님은 썩지 않을 생명이 목적입니다. 왜 예수님을 먹으라고 하십니까? 예수님의 피와 살을 먹는 사람에게 예수님이 들어가기 위해서입니다. 예수님은 사람들 안에 거하시는 것이 목적입니다. 그러면 왜 사람들이 떠나야 정상입니까? 예수님의 목적과 사람들의 목적이 맞지 않아서이고, 예수님의 시간과 사람들의 시간이 맞지 않기 때문입니다.

사람들은 예수님이 자기 시간표대로 움직여 주시기를 원합니다. 자기 시간표대로 응답 받기를 원합니다. 그래서 내가 원하는 방식으로, 내가 원하는 때에 응답해 달라고 조릅니다. 그러나 예수님은 인간의 시간에 맞춰서 일하시지 않습니다. 오히려 우리가 예수님의 시간표를 따라오기를 기다리십니다. 인간이 하나님의 뜻 안에 있는 것이 예수님의 목적입니다.

예수님은 우리 안에 거하기 원하십니다. '내 살을 먹고 내 피를 마시라'는 '내가 네 안에 들어가고 싶다'는 의미입니다. 예수님이 우리 문밖에 서 있는 한 아무것도 이뤄지는 것 없이 시간만 흘러갈 뿐입니다. 그렇게 흘려보낸 시간이 얼마나 아깝습니까? 그래서 예수님은 사람들을 흩으셨습니다. 자기의 유익을 위해 좇는 무리와 함께 무슨 일을 하실 수 있겠습니까? 마침내 진짜와 가짜가 가려졌습니다. 그저 그런 사람들이 떠났습니다.

그런데 예수님의 형제들은 이 상황을 제대로 보지 못했습니다. 인기가 최고조에 올랐다가 식어 버리니 조바심이 났습니다. 그들은 예수님에게 "형님, 이제 좀 알려지셨지 않습니까? 이제 시골구석에서만 있을 것이 아니라 예루살렘에 올라가서 제대로 이름을 내셔야죠. 그래야 온 나라가 형님을 알아볼 것 아닙니까? 언제까지 이 시골구석에 묻혀 지내실 겁니까?" 합니다.

요 7:2-5

유대인의 명절인 초막절이 가까운지라 그 형제들이 예수께 이르되 당신이 행하는 일을 제자들도 보게 여기를 떠나 유대로 가소서 스스로 나타나기를 구하면서 묻혀서 일하는 사람이 없나니 이 일을 행하려 하거든 자신을 세상에 나타내소서 하니 이는 그 형제들까지도 예수를 믿지 아니함이러라

—

—

이스라엘의 3대 명절은 유월절, 칠칠절, 초막절입니다. 초막절은 추수철의 끝 절기로서, 나뭇가지로 임시 초막을 지어 광야 생활을 기억하고 기념하는 절기입니다. 명절에는 많은 사람들이 예루살렘으로 올라왔습니다. 형제들은 사람들이 많이 모인 이때가 예수님이 세상에 이름을 떨칠 기회라고 여겼습니다. 많은 사람들 앞에서 예수님의 능력을 드러내서 유명해지라는 것입니다.

그러나 성경은 예수님이 예루살렘에 가시지 않은 이유에 대해 이렇게 말하고 있습니다.

> 요 7:1
>
> 그 후에 예수께서 갈릴리에서 다니시고 유대에서 다니려 아니하심은 유대인들이 죽이려 함이러라

이 말씀을 보면, 자칫 예수님이 죽는 게 두려워서 유대 땅에 안 가시는 걸로 오해할 수 있습니다. 하지만 죽기로 결정하신 예수님이 뭐가 두려워서 유대인들을 피하시겠습니까? 예수님은 지금 시간을 재고 계시는 겁니다. 그분은 하나님의 시간을 이 땅으로 가지고 오셨습니다. 시간 밖에서 인간의 시간 속으로 들어오신 것입니다. 이것을 성육신 사건이라고 말합니다. 그분은 영원의 시간을 살지만 인간을 구원이라는 시간표로 조정해 주기 위해서 인간의 시간으로 들어오셨기 때문에 시간을 재고 계신 것입니다. 지금은 죽을 때가 아니기 때문에 갈릴리 땅에 계신 겁니다.

—

—

그러나 예수님의 형제들은 눈이 어두워 그 사실을 알지 못했습니다. 그들은 예수님이 누구신지도 몰랐습니다. 그들이 예수님을 믿지 않았다고 말씀은 기록하고 있습니다. 가까이 있다고 압니까? 안다고 믿습니까? 가장 잘 안다고 생각하는 사람들이 때로 가장 무지할 수 있습니다.

이 시대에 예수님을 모르는 사람은 거의 없습니다. 이름이라도 대충 들어서 알고 있습니다. 그러나 그렇게 아는 것은 진짜 아는 것이 아닙니다. 또 그렇게 안다고 해서 제대로 믿는 사람도 없습니다.

바리새인들은 자신들이 하나님을 잘 안다고 생각했고, 하나님을 가장 잘 믿는다고 믿었습니다. 그러나 예수님 보시기에 그들은 하나님을 믿지 않았고, 하나님을 가장 잘 몰랐습니다. 하나님은 예레미야 선지자를 통해서 유대인들이 성전에서 예배를 드린다고 하지만 그건 성전도 아니고 예배도 아니라고 말씀하십니다.

렘 7:4
너희는 이것이 여호와의 성전이라, 여호와의 성전이라, 여호와의
성전이라 하는 거짓말을 믿지 말라

여호와의 성전이라 하지 말라고 하십니다. 이미 그곳에는 하나님이 안 계신다고 하십니다. 우리는 장소를 중요하게 생각합니다. 장소 때문에 시간을 희생하는 사람들이 얼마나 많습니까. 큰 집에 살기 위해 얼마나 많은 시간을 쏟아 버립니까. 이것이 우리의 패러다임입니다. 왜입

니까? 집은 보이고 시간은 안 보이니까요. 돈은 보이고 생명은 안 보이니까요. 믿음 없는 삶이란 공간을 선택하기 위해서 시간을 버리는 삶입니다. 하나님을 믿는다는 것은 시간을 위해서 공간을 선택하는 것입니다.

우리는 흘러간 과거밖에 알지 못하므로 다가올 미래에 대해 불안해합니다. 하나님이 선물로 주신 시간조차 편안하게 사용하지 못합니다. 그래서 불안한 미래를 살지 않으려면 현재에 열심히 일하고 모으고 준비해야 한다는 말에 귀가 솔깃해집니다. 불안하기에 점쟁이의 말에 귀를 기울입니다. 손 없는 날이니 합이 든 날이니 하면서 이사를 가거나 결혼할 때 길일을 잡습니다. 국회의원 선거, 대통령 선거 때도 재계나 정계에서는 누굴 밀지 점쟁이에게 묻는다고 합니다. 불안하기 때문입니다. 하나님을 믿지 않기 때문입니다.

돈을 많이 모으면 미래가 확실히 보장될까요? 미래에 대해 확신을 가지고 말하는 사람들을 따르면 미래가 확실하게 보일까요? 성경에는 재물을 쌓아 두고 안심하는 부자를 그날 밤 데려가신 이야기도 나옵니다. 어느 누구도 내일을 보장할 수 없습니다.

하나님은 인류의 시간표를 갖고 계십니다. 요한계시록은 우리가 현재 살고 있는 이 땅에서 새 하늘 새 땅으로 옮겨 가게 될 것을 예고하고 있습니다. 예수님은 성도들의 이주 계획을 갖고 이 땅에 오셨습니다. 이 땅이 더 이상 살 수 없는 곳이 되어 가기 때문에 새 하늘 새 땅으로 옮겨야 한다는 것을 알려 주려고 오셨습니다. 그래서 예수님은 늘 이주의 때에 관심을 두고 움직이십니다.

예수님을 아는 것으로는 부족합니다. 예수님을 오다가다 마주치면 목례나 하는 사이로 알면 곤란합니다. 예수님은 우리가 믿어야 할 분입니다. 믿는다는 것은 그분을 경배하고 의지해야 한다는 말입니다. 예수님이 삶의 기초이며, 인생의 기준이 되어야 한다는 말입니다. 예수님을 믿는 것은 그분을 바라보는 것입니다. 나를 바라보면 자기연민에 빠집니다. 예수님을 바라보고 예수님의 말씀을 기억하며, 그 말씀대로 살기 위해 힘을 다해야 하며, 그렇게 살다가 죽어야 합니다. 그래서 예수님을 믿는 일은 쉽고도 매우 어렵습니다.

너희 때는 준비되어 있다

요 7:6

예수께서 이르시되 내 때는 아직 이르지 아니하였거니와 너희 때는 늘 준비되어 있느니라

예수님은 종종 "아직 때가 이르지 않았다"고 말씀하셨습니다. 가나의 혼인 잔치에서도 어머니 마리아의 요청에 따라 포도주를 만들어 주셨지만 분명히 아직 때가 이르지 않았다고 짚고 넘어가셨습니다. "이 일은 나와 상관없습니다. 내가 이 일을 위해서 오지 않았습니다. 이 일은 내 소명이 아닙니다. 나의 때는 아직 이르지 않았습니다."

우리가 떼를 쓰며 기도하면 하나님이 들어주실 때가 있습니다. 문제는 그 일이 주님의 일과 상관없을 수도 있다는 것입니다. 이 경우 설사 내가 기도한 대로 응답되었다고 좋아할 일이 아닙니다. 지금 내가 하려는 일이 아버지의 뜻 안에 있는지가 중요합니다. 그분의 시간 안에 그분의 시간표를 따르는 것이 중요하지 내 소원이 관철되는 것이 중요하지 않습니다. 그러므로 하나님과 상관없는 내 뜻이 이뤄졌다고 간증해서는 안 됩니다. 그것으로 하나님께 영광 돌려 드린다고 하면 하나님께서 골치 아프십니다.

어떤 사람이 복권 당첨이 소원이어서 40일 기도를 시작했다고 합시다. "주님, 이번에 1등 당첨이 꼭 되게 해 주세요. 주님 반 쓰시고 저 반 쓰겠습니다. 제가 다 갖겠다는 게 아닙니다. 주님의 것은 선교에 쓰세요." 이 사람은 상당한 액수를 투자해 복권을 사고 40일간 기도했습니다. 그런데 당첨되지 않았습니다. 그는 두 번째 40일 기도를 시작했습니다. 이번엔 철야기도까지 했습니다. 그런데 두 번째도 안 됐습니다. 이제는 죽으면 죽으리라는 각오로 40일 작정기도를 합니다. 기도하는 중에 환상을 보았는데, 집이 온통 금빛이었습니다. 그래서 집을 팔아서 복권을 샀고 마침내 당첨되었습니다. 그걸로 더 큰 집을 산뒤 벽에다 '주님이 다 하셨습니다'라는 문구의 액자를 달았습니다. 과연 하나님이 영광을 받으셨을까요?

우리의 강청기도는 때로 이럴 수 있습니다. 내 뜻과 계획 안으로 하나님을 끊임없이 끌고 가기 위해서 몸부림치는 것은 덧없을 뿐입니다. 예수님은 우리가 아버지의 뜻 안에 있는 것, 그분의 시간표를 따라 사는 것이 중요하다는 것을 말씀하고 싶으신 것입니다. 예수님은 시간을 위해 공간을 택하십니다. 아직 때가 되지 않았기에 갈릴리라는 장소를 선택하신 겁니다.

인생이 왜 안 풀립니까? 내가 먼저 정해 놓고 내 시간을 거기에 맞추니까 인생이 덧없이 흘러가는 것입니다. 신앙이란 삶의 패러다임을 공간 중심의 지각에서 시간 중심의 인식으로 바꾸는 것입니다. 그래서 하나님의 시간과 하나님의 때를 아는 것이 중요합니다. 하나님의 시간에 대한 이해가 부족하면 우리는 엉뚱한 짓을 하면서도 '나는 하나님의 일을 하고 있다. 하나님의 계획 안에 있다'고 착각하게 됩니다. 참으로 안타까운 일입니다.

예수님은 이 땅에 오셔서 이 시간에 끝이 있다는 것, 우리가 살고 있는 장소조차도 끝이 있다는 것을 알려 주셨습니다. 그 말씀을 믿음으로 받아들이는 사람들을 위해서 이주 계획을 설명하셨습니다. 그 이주 계획을 듣고도 '여기가 좋사오니 이곳에서 내가 초막 셋을 짓고 살게 해 달라'는 기도를 하십니까? 우리가 사는 세상의 시간에 끝이 있다는 걸 아는 사람들은 이 육신의 시간에 초연해집니다. 시간을 초월하는 삶이 시작되는 것입니다.

그러면서 예수님은 "너희 때는 언제라도 준비되어 있다"고 하셨습니다. 즉 "너희들은 가고 싶으면 언제라도 예루살렘에 가도 돼"라는 말입니다. 예수님과 동행하면 언제 어디라도 좋다는 말씀입니다. 믿음으로 걷는다면 늘 준비된 길입니다. 선교사들이 그토록 위험한 곳에 가족까지 데리고 가는 것은, 예수님과 함께 가기 때문입니다. 예수님이 지켜 주신다는 믿음이 있기 때문입니다.

불모의 땅 한국에 복음 하나 가지고 온 선교사들은 어땠나요? 그들 중에는 복음은커녕 아무 일도 하지 못한 채 전염병에 걸려 죽은 사람도 있습니다. 양화진 선교사 묘역에 가면 그들의 생애가 단 한 줄의 글로 기록되어 있습니다. 왜 여기까지 왔을까, 얼마나 힘들었을까 생각하면 마음이 숙연해집니다.

"만일 내게 천 개의 목숨이 있다면 그 모두를 조선에 드리겠습니다."

스물여섯에 세상을 떠난 루비 켄드릭 선교사의 고백입니다. 그녀는 1907년에 조선에 왔다가 그 이듬해 급성 맹장염으로 수술을 받았으나 소천했습니다. 고작 9개월가량 이 땅에서 살다 간 것입니다. 인간의 시간표에 따르면 그녀의 인생은 허망해 보입니다. 그러나 그녀는 이 땅의 시간표가 아니라 새 하늘 새 땅의 시간표를 살았기에 값진 삶을 살았습니다. 그녀는 인생의 쓴맛 단맛 다 보고 머리 희끗희끗할 때 오지 않았습니다. 조선이 더 안전해지고 교통이 더 편리해질 때를 기다리지도 않았습니다. 그녀는 하나님의 시간을 살기 시작했기 때문에 주저 없이 이 땅에 올 수 있었습니다.

그런데 예수님은 정작 자신의 때는 제한하십니다. 나의 때는 아직 이르지 않았다고 말씀하십니다. 예수님의 때는 초막절이 아니라 유월절입니다. 예수님은 공생애 마지막 유월절을 기다리고 계십니다. 유월절은 이스라엘 백성이 애굽 땅에서 탈출할 때 어린 양의 피를 인방과 문설주에 발라 하나도 죽지 않고 고스란히 출애굽한 사건을 기념하는 날입니다. 예수님은 유월절에 맞춰서 십자가에서 모든 피를 뿌리기로 결정하셨습니다.

인간의 시간을 위해 하나님이 택하신 공간이 십자가입니다. 죄인들의 무죄 석방을 위해 대신 죽음을 받아들인 곳이 십자가입니다. 그래서 우리는 예수님 이후의 시간을 기원전과 구별해 AD의 시간, 즉 안노 도미니의 시간, 십자가 이후의 시간을 종말의 시간이라고 부릅니다. 이 종말은 심판의 시간이자 구원의 시간입니다. 그리고 이 사건의 의미를 수긍하고 받아들이는 사람들에게 인간의 시간에서 하나님의 시간으로 옮겨 주십니다.

요 5:24

내가 진실로 진실로 너희에게 이르노니 내 말을 듣고 또 나 보내신 이를 믿는 자는 영생을 얻었고 심판에 이르지 아니하나니 사망에서 생명으로 옮겼느니라

—

—

믿음 사건이란 사망의 시간에서 생명의 시간으로 옮겨지는 사건입니다. 내 시간표가 아니라 하나님의 시간표를 따르는 패러다임 쉬프트입니다. 우리의 시간을 온전히 바꾸는 작업입니다. 우리는 이 사건의 의미를 제대로 다 알 수 없습니다. 얼마나 엄청난 일이 배후에서 진행되는지 알 수 없습니다. 믿음이란 하나님을 다 알 수 없지만 그분을 믿는 것입니다. 하나님은 믿음으로밖에 다가갈 수 없고, 믿음으로밖에 이해할 수 없는 분이기 때문입니다.

예수님은 우리에게 새로운 시간을 선물로 주시기 위해 이 땅에 오셨지만, 우리는 정작 예수님을 어떻게 대접했습니까?

요 7:7

세상이 너희를 미워하지 아니하되 나를 미워하나니 이는 내가 세상의 일들을 악하다고 증언함이라

세상은 예수님을 미워했습니다. 유대 종교 지도자들 역시 예수님을 미워했습니다. 예수님이 자신들의 기득권을 침해하고, 대중을 선동한다고 생각했기 때문입니다. 그러나 정작 대중을 선동한 것은 그들이었습니다. 그들의 선동에 따라 유대인들이 점차 예수님께 등을 돌렸습니다.

예수님이 기적을 베풀 때 사람들은 열광했습니다. 떡을 나눠 줄 때도, 병을 낫게 할 때도, 귀신을 쫓을 때도 사람들은 열광했습니다. 그러나 진짜 복음인 부활을 말씀하시자 사람들은 시큰둥하더니 떠나 버렸습니다. 십자가를 지실 때는 다 도망갔습니다.

—

—

왜 이런 일이 일어났을까요?

예수님이 진실을 말씀하셨기 때문입니다. 세상의 일들이 악하다고 증언하셨기 때문입니다. 종교 지도자들을 악하다고 하셨기 때문입니다. 성전이 성전이 아니라고, 예배가 예배가 아니라고 증언하셨기 때문입니다.

얼마 전 〈쿼바디스〉라는 다큐멘터리 시사회에 갔습니다. 그 영화의 요지는, 이름이 알려진 몇몇 목사들이 참 목자가 아니며 이름이 널리 알려진 몇몇 교회들이 진짜 교회가 아니라는 것이었습니다. 이 영화에는 부동산의 은사를 받았다고 말하는 목사가 나옵니다. 성경 어디에 그런 은사가 있다고 말하고 있습니까? 그런 은사는 없습니다. 거액의 은행 빚을 받아 지은 교회가 과연 성전일 수 있습니까? 성경은 빚을 죄라고 가르치고 있습니다.

저는 영화를 보며 그 영화를 만든 김재환 감독이 받았을 고난이 보였고, 앞으로 받게 될 고난이 보여서 마음이 아팠습니다. 그때나 지금이나 진실을 말하려면 고난 속으로 뛰어들어야 합니다.

요 7:8-9

너희는 명절에 올라가라 내 때가 아직 차지 못하였으니 나는 이 명절에 아직 올라가지 아니하노라 이 말씀을 하시고 갈릴리에 머물러 계시니라

예수님은 때를 주관하고 때를 결정하시지만, 지금 인간을 위해 때를

—

—

기다리십니다. '내 때가 아직 차지 못하였다'고 말씀하신 뒤 갈릴리에 조금 더 머무셨습니다. 그리고 가족이 먼저 떠난 뒤에 예루살렘에 혼자 올라가셨습니다. 마치 예수님이 가족을 따돌리고 혼자 예루살렘에 간 것 같지만, 예수님은 초막절이 아닌 유월절을 기다리신 것이고, 초막절을 지키기 위해 예루살렘에 가신 것입니다.

지금은 은혜의 때

드디어 유월절이 왔습니다. 예수님은 공생애 마지막 유월절이 다가오자 드디어 때가 이르렀다면서 제자들에게 유월절 준비를 부탁하십니다.

> 마 26:18
>
> 이르시되 성안 아무에게 가서 이르되 선생님 말씀이 내 때가 가까이 왔으니 내 제자들과 함께 유월절을 네 집에서 지키겠다 하시더라 하라 하시니

우리는 예수님의 때에 민감해야 합니다. 내 시간표를 내려놓고 예수님의 시간표를 들여다보아야 합니다. 하나님의 시간은 빠르지도 느리지도 않습니다. 다만 우리가 게으르거나 조급할 뿐입니다. 우리는 대개 하나님의 시간이 느리다고 느낍니다. 우리 삶의 패턴이 점점 조급해지

기 때문입니다. 그러나 하나님의 시간에 있으면 조바심이 나지도 게을러지지도 않습니다. 그분의 시간을 따른다는 것은 그분의 능력 가운데 머무른다는 뜻입니다. 그리고 하나님이 우리를 두는 장소에 있다는 뜻이기도 합니다. 그분은 시간을 결정하고 우리에게 장소를 허락하실 것입니다.

"네가 왕후의 자리를 얻은 것이 이때를 위함이 아닌지 누가 알겠느냐"(에 4:14)는 말씀처럼 '이때'를 위해서 하나님은 우리를 이 자리에 두신 것입니다.

바쁘게 살아가지만 그 시간에 묶이지 않고 하나님께 붙들릴 때 하나님은 그 시간에 합당한 장소를 우리에게 허락하실 것이고, 합당한 관계를 우리에게 열어 주실 것입니다. 주님은 우리 삶을 통해서 주님이 증거되고 주님이 이 땅 가운데 영광 받는 일을 우리에게 일으키실 것입니다.

요한계시록은 하나님께서 우리에게 재앙과 재앙 사이에 막간을 허락하셨음을 기록하고 있습니다. 하나님께서 마지막까지 어떻게든 시간을 더 주시고자 하는 것을 봅니다.

노아의 홍수 때 하나님은 그들이 돌아올 수 있는 시간을 허락하고 오래 참고 기다리셨습니다. 노아는 방주를 120년 동안 지었습니다. 이렇게 긴 시간을 기다려 주셨음에도 사람들은 노아를 제정신이 아니라고 빈정거리고 외면했을 뿐입니다.

벧전 3:20
그들은 전에 노아의 날 방주를 준비할 동안 하나님이 오래 참고 기다리실 때에 복종하지 아니하던 자들이라 방주에서 물로 말미 암아 구원을 얻은 자가 몇 명뿐이니 겨우 여덟 명이라

바울이 다메섹 도상에서 하나님의 시간을 깨달았습니다. '왜 나를 부르셨을까? 왜 나를 심판하시지 않고 구원하셨을까?'에 대한 그의 고백은 진실합니다.

고후 6:1-2
우리가 하나님과 함께 일하는 자로서 너희를 권하노니 하나님의 은혜를 헛되이 받지 말라 이르시되 내가 은혜 베풀 때에 너에게 듣고 구원의 날에 너를 도왔다 하셨으니 보라 지금은 은혜 받을 만한 때요 보라 지금은 구원의 날이로다

바울이 예수님의 음성을 들었습니다. "아직 은혜를 베풀 때이기 때문에 내가 네 얘기를 들었고, 아직 구원을 베풀기로 한 날들이기 때문에 내가 너를 도와주었다."

주님은 동일하게 우리에게 말씀하고 계십니다. "지금은 아직 은혜를 받을 만한 때이고 아직은 구원의 날이 얼마간 남아 있다. 그러니 지금이 바로 은혜와 구원의 때다."

예수님의 시간은 사실 완전한 시간입니다. 하나님의 시간은 실수가 없으십니다. 실수는 늘 인간이 합니다. 그런데도 예수님은 너희들

–

–

은 늘 준비되어 있다고 말씀하십니다. 돌이키는 바로 그때가 은혜의 때이고 구원의 때이기 때문입니다. 우리가 손을 내밀어 그분이 펼치고 계신 손을 잡는 그 순간이 바로 구원의 때이기 때문입니다.

하나님의 시간은 지금 밤 11시 59분입니다. 영원의 시간까지 1분 남았습니다. 이 시간을 어떻게 살 것입니까? 다시 한 번 주님께 묻고 말씀을 읽으면서 그 시간에 대해 더 깊이 이해하게 되길 바랍니다. 주님 안에서 인간의 시간으로부터 자유해지는 엄청난 특권과 기쁨을 누리게 되기를 바랍니다.

7

시간의 우선순위

무엇을 먼저

할 것인가?

살다 보면 드물긴 하지만 모든 것을 다 갖춘 사람들을 만날 때가 있습니다. 돈이면 돈, 학력이면 학력, 가문이면 가문, 인품이면 인품, 인기면 인기… 이런 사람들을 보면 주눅이 듭니다. 하나님이 불공평하다는 생각도 들지요. 하지만 그들 앞에서도 기죽지 않을 길이 있습니다. 바로 구원의 길입니다. 구원이란 이 땅의 기준을 초월하고, 비교하는 인생을 초월하는 길이기 때문입니다. 구원받았습니까? 그런데 과연 '구원'이 무엇입니까?

구원이란 인생을 이쪽에서 저쪽으로 옮기는 것입니다. 그리고 구원받았다는 것은 시간 속에 감춰진 비밀을 깨달았다는 것입니다. 예수님은 그걸 직접 보여 주셨습니다. 예수님은 인간을 구원하러 오셔서 구원의 삶을 먼저 사셨습니다.

예수님은 세상의 기준으로 보면 단 한 가지도 만족할 만한 것이 없었습니다. 외양간에서 태어났고, 직업은 목수였으며, 변변한 집 한 칸도 없어서 평생 떠돌아다니셨고, 결혼도 하지 않았으며, 심지어 33년의 짧은 생을 사셨습니다. 그것도 벌거벗겨져 십자가에 매달려 비참한

최후를 맞았습니다.

예수님은 공생애 기간도 고작 3년이었습니다. 세상에서 뭔가 이루려면 한 10년은 일해야 하지 않겠습니까? 그런데도 예수님은 돌아가실 때 "다 이루었다"고 하셨습니다. 그런데 여기에 크고 놀라운 비밀이 숨어 있습니다. 도대체 예수님이 이 짧은 공생애 3년 동안 다 이룬 일은 무엇이며, 또 다 이룰 수 있었던 비결은 무엇일까요? 이것을 알면 인생의 숱한 의문이 풀립니다.

의식주 걱정은 불신이다

마 6:25-26

그러므로 내가 너희에게 이르노니 목숨을 위하여 무엇을 먹을까 무엇을 마실까 몸을 위하여 무엇을 입을까 염려하지 말라 목숨이 음식보다 중하지 아니하며 몸이 의복보다 중하지 아니하냐 공중의 새를 보라 심지도 않고 거두지도 않고 창고에 모아들이지도 아

니하되 너희 하늘 아버지께서 기르시나니 너희는 이것들보다 귀하지 아니하냐

인간의 기본적인 욕구는 먹고 자는 것입니다. 무엇을 먹고 마셔야 하나, 무엇을 어떻게 입어야 하나, 어디서 살아야 하나…. 통틀어 의식주입니다. 여기서 인간의 고민과 갈등이 시작됩니다. 우리는 먹고사는 게 해결되어야 삶이 가능하다고 생각합니다. 의식주가 인생의 출발점이라고 믿는 것입니다. 우리는 이런 패러다임에 젖어 있기에 의식주 문제 앞에서 불안해합니다. 그러나 예수님은 이 패러다임을 뒤집기 원하십니다. 인생은 의식주에서 시작되지 않는다는 것입니다.

"목숨이 의식주보다 중요하지 않느냐?"

맞습니다. 의식주 때문에 목숨이 존재하는 것이 아니라 목숨 때문에 의식주가 필요한 것이지요. 제자들도 예수님이 이렇게 물으셨을 때 "맞습니다" 했을 것입니다. 인생은 하나님께서 인간에게 주신 생명에서 시작되는 것이지 의식주에서 시작되는 게 아닙니다. 빤한 말씀이지만 이 순서가 중요합니다. 먹고사는 문제를 위해서 목숨을 쓰느냐, 너의 시간을 거기에 허비하고 있느냐, 먹고사는 게 그렇게 중요하냐고 예수님은 물으십니다. 그러면서 공중의 새를 보라고 하십니다.

"저 새들 좀 봐라. 새가 제 힘으로 뭘 심고 농사지어서 먹고사는 거니?"

"아닙니다."

제자들이 대답합니다.

"새들이 뭘 잔뜩 이고 지고 날라서 창고에 쌓아 놓고 먹고사니?"

"아니요."

다시 예수님이 묻고 제자들이 대답합니다.

"그럼 저 새는 누가 기르니?"

"하나님이지요."

"맞다. 하나님이 기르신다. 그럼 인간이 새보다 못한 존재냐? 저 새들을 하나님이 먹이고 기르신다면 인간은 오죽하겠니?"

우리는 여기서 한 가지 의문이 생깁니다. 오늘날에도 지구 어딘 가에는 헐벗고 굶어 죽는 사람들이 있지 않습니까? 우리 이웃 중에도 집이 없어 떠돌아다니는 사람들이 있지 않습니까? 하지만 예수님은 우리의 질문에 대답하지 않고 다시 물으십니다.

마 6:27
너희 중에 누가 염려함으로 그 키를 한 자라도 더할 수 있겠느냐

염려해 봐야 소용없다는 것입니다. 의식주 문제로 염려한다고 뭐가 달라 지냐는 겁니다. 예수님은 이번엔 백합을 예를 들어 다시 말씀하십니다.

마 6:28-30
또 너희가 어찌 의복을 위하여 염려하느냐 들의 백합화가 어떻게 자라는가 생각하여 보라 수고도 아니하고 길쌈도 아니하느니라 그러나 내가 너희에게 말하노니 솔로몬의 모든 영광으로도 입은

—

—

것이 이 꽃 하나만 같지 못하였느니라 오늘 있다가 내일 아궁이에 던져지는 들풀도 하나님이 이렇게 입히시거든 하물며 너희일까 보냐 믿음이 작은 자들아

하나님의 손길이 닿은 것은 무엇이든 모자람이 없이 완벽합니다. 인간 역시 하나님이 만드신 피조물이므로 모자람 없이 완벽합니다. 예수님 은 그런 우리가 왜 의식주 중심의 삶을 사는지 알려 주십니다.

"믿음이 작은 자들아."

'믿음이 작다'고 번역되었지만 원래 뜻은 '믿음이 거의 없는 자들아'입니다. 그 문제의 뿌리가 우리의 불신에 있다는 겁니다. 그래서 '믿음이 작은 자들'이라는 말의 속뜻을 살피면 '하나님이 공급하시는 게 아니라 내 힘으로 벌어야 살 수 있다고 굳게 믿는 자들아, 내 힘이 아니고서는 삼시 세끼를 해결할 수 없다고 걱정하는 자들아, 뿌리째부터 하나님을 불신하는 자들아'가 됩니다. 믿음 없는 삶은 의식주에 묶인 삶입니다. 의식주 때문에 교회에 왔다갔다 한다면 아직 예수님을 못 만난 겁니다.

마 6:31-32
그러므로 염려하여 이르기를 무엇을 먹을까 무엇을 마실까 무엇을 입을까 하지 말라 이는 다 이방인들이 구하는 것이라 너희 하늘 아버지께서 이 모든 것이 너희에게 있어야 할 줄을 아시느니라

—

—

의식주를 걱정하며 사는 것, 거기에 몰입해서 사는 것, 그걸 구하느라 정신이 없는 것은 하나님을 믿는 사람들의 삶의 방식이 아니라 이방인들의 삶의 방식입니다. 예수님은 "사람이 떡으로만 살 것이 아니요 하나님의 입으로부터 나오는 말씀으로 살 것이라"(마 4:4)고 가르치셨습니다. 사람은 육신을 지니고 있지만 영으로 사는 존재임을 분명히 하신 것입니다. 부모의 보호를 받고 자라는 아이는 의식주를 걱정하지 않습니다. 내일 먹을 것이 없을까 봐 걱정하지 않습니다. 힘들고 어려운 일을 당하면 부모가 해결해 줄 것을 믿고 부모부터 찾습니다. 하나님은 믿음의 사람들에게 이방인의 것보다 더 좋은 걸로 채워 주십니다.

또 의식주가 그 무엇보다 중요하다고 생각하는 것은 생명을 경시하는 태도입니다. 생명은 어느 것과도 바꿀 수 없는 가치입니다. 그런데 그 생명을 의식주와 맞바꾸거나 그것 때문에 생명을 가볍게 여긴다면 본말이 바뀐 것입니다.

그래서 노동 착취는 생명을 빼앗는 일입니다. 열악한 근로 조건 아래에서 혹사당하는 어린 아이들은 그 생명을 빼앗기는 것입니다. 더구나 소수의 부를 위해 다수가 굶주리는 것은 생명을 지극히 경시하는 일입니다. 빈익빈 부익부 현상이나 양극화 현상은 기본적으로 생명 경시이고 본질적으로 불신의 클라이맥스입니다.

누 11:11-13
너희 중에 아버지 된 자로서 누가 아들이 생선을 달라 하는데 생
선 대신에 뱀을 주며 알을 달라 하는데 전갈을 주겠느냐 너희가
악할지라도 좋은 것을 자식에게 줄 줄 알거든 하물며 너희 하늘
아버지께서 구하는 자에게 성령을 주시지 않겠느냐 하시니라

악한 아버지도 자식에게는 먹을 것을 줄 줄 아는데 선하신 하나님이
오죽 알아서 가장 좋은 걸로 채워 주시지 않겠느냐는 것입니다. 그러
므로 우리가 먼저 이 땅에서 생각하고 구해야 할 일이 무엇인지를 예
수님이 알려 주셨습니다.

주님은 성령을 주신다고 하십니다. 그런데 우리는 더 허름하고
가치 없는 것을 달라고 자꾸 요구합니다. 지금은 아파트 평수를 늘려
야 하고 차도 바꿔야 하니 성령은 조금 있다 주시고 물질의 복을 달라
고 합니다. 이게 우리 인간의 수준입니다.

마 6:33
그런즉 너희는 먼저 그의 나라와 그의 의를 구하라 그리하면 이
모든 것을 너희에게 더하시리라

우선순위대로 일하는 사람이 지혜로운 사람이자 성숙한 인간입니다.
미숙한 사람은 나중에 해도 될 일을 먼저 합니다. 그래서 늘 시간이 부

—

—

족합니다. 주님은 의식주를 먼저 구하지 말고 하나님 나라와 의를 먼저 구하라 하십니다. '구하라'는 말은 '바라라, 찾으라, 갈망하라'는 뜻입니다. 먼저 그의 나라를 구하라는 것은, 하나님을 갈망하라는 뜻입니다. 하나님을 바라고 하나님을 추구하라는 의미입니다.

그러면 하나님 나라와 그 의를 구하는 것은 시간과 무슨 상관이 있습니까? 하나님 나라와 하나님의 의는 사실 다르지 않습니다. 하나님이 하나님의 나라이자 의입니다. 하나님은 나뉘지 않는 분이기 때문입니다.

인간의 시간은 과거, 현재, 미래의 세 가지 시제이지만, 하나님의 시간은 영원입니다. 그래서 영원이란 개념은 하나님과 불가분의 관계에 있습니다. 그러므로 하나님을 추구하는 것이 바로 시간의 억압과 속박에서 해방되는 유일한 길입니다. 예수님은 바로 이것을 가르치고 있는 것입니다.

의식주에 묶이는 것은 시간에 묶이는 첩경입니다. 의식주에 묶이는 것은 나 자신에게 스스로 묶이는 지름길입니다. 나를 추구하는 것은 시간의 속박을 뜻합니다. 왜 우리가 두려워합니까? 이 속박 때문입니다. 이 속박의 올가미 이름이 죽음입니다. 의식주에 묶여 사는 사람은 예외 없이 죽음을 두려워합니다.

예수님이 답을 가르쳐 주십니다.

"먼저 하나님을 추구하라. 먼저 하나님 나라를 생각하라. 먼저 하나님의 의로움을 찾으라. 그러면 모든 것이 풀리기 시작할 것이다. 물론 의식주가 필요할 것이다. 그러나 그걸 먼저 추구하면 모든 인생이 꼬이기 시작할 것이다."

명심하십시오. 하나님을 먼저 생각하는 것이 구원입니다. 나를 먼저 생각하는 것, 의식주를 먼저 생각하는 것이 속박이고 죄이고 사망입니다.

> 요 6:27
> 썩을 양식을 위하여 일하지 말고 영생하도록 있는 양식을 위하여 하라 이 양식은 인자가 너희에게 주리니 인자는 아버지 하나님께서 인치신 자니라

주님은 "왜 먹고 나면 배설하는 양식을 위해 일하느냐, 썩지 않을 양식을 위해 일하라"고 하십니다. 썩지 않을 양식이 하늘로부터 오는 생명의 양식이며, 이 생명의 양식을 위해 사는 것이 인간의 시간을 혁명하는 길이라고 말씀하십니다.

예수님은 삶의 우선순위를 바꾸기 위해 오셨습니다. 사람은 말씀을 먹고사는 존재임을 가르치셨습니다. 구원은 의식주보다 생명이 먼저임을 깨우치는 것이고, 나를 추구하는 것보다 하나님을 추구하는 것이 먼저임을 깨닫는 것입니다. 하나님을 추구하는 삶을 살아야 걱정과 염려로부터 해방됩니다. 먼저 의식주에 묶이면 우리는 시간에 묶여 버리게 됩니다. 내 인생을 걱정하다가 하나님을 놓치게 됩니다. 많은 사람이 이러한 걱정을 하다가 일생을 다 보내고 맙니다.

—
—

인생은 '먼저' 무엇을 할 것인가에 의해 결정됩니다. 가장 먼저 시간을 사용하는 그것이 인생을 결정한다는 의미입니다. 그래서 신앙은 시간의 혁명입니다. 더 정확히 말하면 신앙은 시간의 배분 혁명입니다. 시간의 우선순위 혁명입니다. 신앙은 내 육신의 정욕과 안목의 정욕과 이생의 자랑거리에 불과한 것에 내 시간을 쓰지 않겠다는 결단입니다. 구원은 더 이상 나를 추구하는 삶을 살지 않겠다는 결정을 수반합니다. 우선순위를 바꾸는 것이야말로 구원의 본질입니다. 하나님은 구원받은 자녀의 이 결단을 존중하시며 기뻐하십니다. 하나님은 그 시간의 혁명을 의롭다 인정하십니다.

시간의 혁명이 일어나면 하나님과 관계가 회복됩니다. 하나님과 관계가 회복되는 것이 의로움이며, 이 의로움이야말로 전혀 다른 시간이 흐르기 시작하는 채널입니다.

구원은 시간의 억압, 시간의 압박으로부터 해방되는 사건입니다. 예수님은 구원받은 인생의 자유함을 말씀하십니다.

마 6:34

그러므로 내일 일을 위하여 염려하지 말라 내일 일은 내일이 염려할 것이요 한 날의 괴로움은 그날로 족하니라

내일 일로부터 자유해지고, 내일 일 때문에 생기는 염려로부터 해방되는 것이 구원의 선물입니다. 예수님은 실로 깜짝 놀랄 말씀을 하십니다. 내일 일은 내일이 염려한다는 것입니다.

—

—

우리말은 조금 부드럽게 번역했지만, 헬라어로는 '내일은 내일 스스로 염려한다'라는 의미입니다. '내일은 내일 스스로 염려하게 하라. 너는 염려하지 마라'는 것입니다. 조금 더 뜻을 파고들면 '시간은 시간이 걱정하게 하라. 네가 시간을 걱정하지 말라'는 뜻입니다.

흘러가는 시간 속에 머물러 있으면 걱정에 휩싸입니다. 그러나 건져 올린 시간은 더 이상 시간 속에 머물러 있지 않기 때문에 시간을 걱정하지 않습니다. 시간이 시간을 걱정하게 하면 인생은 걱정에 묶일 이유가 없습니다. 의식주를 걱정하는 것은 내일을 걱정하는 것이고. 내일을 걱정하는 것은 시간을 걱정하는 것입니다. 이렇게 고통스런 악순환이 반복됩니다. 여기에서 벗어나려면 먼저 하나님을 추구하고 날마다 하나님을 먼저 생각해야 합니다. 그때 시간 걱정에서 자유로워집니다.

시간 속에 살지만 시간으로부터 자유하고, 시간에 갇힌 것 같지만 시간에 자유하며 시간을 뛰어넘는 삶을 추구하는 것이 구원의 본질입니다. 이런 자유함을 알게 되면 새롭게 삶이 조정되기 시작합니다. 고통스런 인간관계를 어떻게 조정할 것인가, 갈등하고 반목하는 인간관계를 어떻게 회복할 것인가 하는 새로운 길이 눈에 보이기 시작합니다.

예배보다 '먼저' 서로 사랑하라

마 5:24

예물을 제단 앞에 두고 먼저 가서 형제와 화목하고 그 후에 와서
예물을 드리라

시간의 우선순위에 있어서 수직적인 관계, 즉 하나님과 나의 관계가
바르게 정립되었다면 다음은 수평적인 관계를 교정해야 합니다. 그런
점에서 시간 혁명은 관계 혁명입니다. 하나님을 갈망하고 사랑하면 하
나님을 예배하기 시작합니다. 하나님께 내 생명까지 다 드리고 싶습니
다. 하나님께 내 소유가 없음을 고백합니다. 그런데 하나님은 그 소유
와 생명은 땅의 것이고, 땅의 것은 사람들과 나누라고 말씀하십니다.

왜 형제와 화목하지 못할까요? 땅의 것을 놓고 다투기 때문입니
다. 시간 안에 있는 것들 때문이지요. 그러니 만약 시간을 넘어섰다면,
시간의 구원을 이루었다면, 시간 안에 있던 것들을 제자리로 돌려놓으
라는 것입니다. 형제가 누굽니까? 가까이 있는 사람들입니다. 해외에
있는 사람들, 멀리 지방에 있는 사람들을 가리키는 것이 아닙니다. 바
로 내 곁에 있는 사람들을 가리킵니다. 그 사람들과 싸우고 나서 예배
드릴 수 있습니까? 그 사람들을 미워하면서 하나님께 드린 예배가 예
물이 됩니까? 예수님은 먼저 형제와 화해한 후 예배를 드리라고 하십
니다. 시기와 질투, 분노와 당 짓는 마음을 가지고 와서 예배를 드려
봐야 소용 없다고 하십니다. 먼저 형제와 화해하고 오라는 겁니다.

—

—

147

시간의 우선순위가 바뀌었다면 돌이켜야 합니다. 예물 드리는 것보다 먼저 해야 할 일이 있습니다. 화해하는 것입니다. 서로 사랑하는 것입니다. 하나님을 추구하는 삶 가운데 드리는 예물이 아니라면 그건 아벨의 제사가 아니라 가인의 제사입니다. 하나님은 가인과 가인의 제물은 안 받겠다 말씀하십니다. 하나님을 추구하지 않는 삶을 살다가 제물 들고 와서 건성으로 예배를 드린다 한들 그게 무슨 소용이 있습니까? 일주일 내내 하나님과 상관없이 살다가 뚜벅뚜벅 들어와서 예배드린다고 하나님이 그 예배를 받으시겠습니까?

시간의 혁명을 경험한 사람은 나 중심에서 풀려나 하나님을 먼저 추구합니다. 그래서 하나님의 시선을 따라가고 하나님의 마음을 좇아갑니다.

사도 바울이 이 시간의 우선순위가 뒤바뀌는 것을 경험했습니다. 그는 남다른 열심으로 하나님을 추구한 줄 착각하고 살았습니다. 그래서 스데반을 돌로 칠 때도 망설임이 없었습니다. 그는 크리스천을 잡으러 체포영장을 가지고 다메섹까지 갔습니다. 하나님을 추구하는 극단적인 근본주의자, 그게 사도 바울 아닙니까. 사도 바울은 바리새인 중의 바리새인이었지만 하나님을 추구한다는 명분을 내세워 자기 자신을 극도로 추구한 사람이었습니다. 율법은 그의 자존심이고 그의 크레디트이고 마일리지였습니다.

그랬던 그가 눈에서 비늘이 벗겨지자 바른 우선순위에 눈을 뜨게 되었습니다. 자기를 추구하지 않고 하나님을 추구하기 시작하자 비로소 형제가 보이고 그들의 소중함을 알았습니다.

롬 12:10-11
형제를 사랑하여 서로 우애하고 존경하기를 서로 먼저 하며 부지
런하여 게으르지 말고 열심을 품고 주를 섬기라

사도 바울은 서로 사랑하는 일, 서로 존경하는 일이 먼저라고 고백하
고 있습니다. 또한 부지런하고 게으르지 않는 것이 믿음이라고 권면하
고 있습니다. 내 시간이 아닌 하나님의 시간을 살기 시작하면 더 이상
나태할 수 없습니다. 흘러가는 시간을 살지 않는다는 것은 시간의 밀
도가 높아지는 것이며, 시간의 질적 혁명이 일어났다는 것입니다.

바울이 예전에는 하나님을 추구했지만 형제를 사랑했습니까? 그
는 율법을 달달 외웠지만 서로 우애했나요? 그는 가장 존경받는 랍비
가 되기를 갈망했지만 다른 유대인들을 사랑하고 존경했나요? 아닙니
다. 그러던 그가 변화된 후 서로 사랑하라고 권면합니다. 이것이 하나
님을 추구하면서 새롭게 발견한 시간의 우선순위입니다.

그는 의식주를 염려하는 삶에서 하나님을 추구하는 삶으로 옮겨
갔습니다. 하나님과의 수직적 관계가 바로 정립되었더니 수평적인 관
계가 새롭게 조정되기 시작했습니다. 그러니 하나님을 추구하는 삶은
공동체를 추구하는 삶과 별개가 아닙니다. 그래서 이기적인 크리스천
이란 결코 있을 수 없습니다. 하나님을 추구하는 삶은 결코 이기적일
수 없습니다. 나를, 내 시간을, 내 의식주를, 나의 내일과 미래를 다 내

려놓고 하나님의 것을 추구하기 시작했는데 어떻게 이기적일 수 있겠습니까? 더 이상 내 것을 추구하지 않는 것이 하나님을 추구하는 삶입니다. 내일로부터 자유해지고 내년으로부터 자유해지고 죽는 날로부터 자유해져서 이미 영원 속에 편입된 삶을 살게 됩니다. 그러니 어떻게 의식주를 걱정하는 사람과 경쟁하겠습니까? 어떻게 내일에 갇혀 사는 사람과 다투며 싸우겠습니까? 그래서 우리는 사람들과 싸우면서 영향을 끼치는 게 아니라 품고 사랑하고 우애하고 존경하기를 서로 먼저 하며 영향을 끼쳐야 합니다.

'부지런하여 게으르지 말고 열심을 품는' 것이 주를 섬기는 것입니다. 어떤 사람은 주님은 섬기겠는데 사람은 못 섬기겠다고 합니다. 그러나 그것은 주님을 섬기는 것도 아니고 사람을 섬기는 것도 아닌 다만 나만 섬기는 것입니다. 겉으로는 교회를 다니고 말로는 구원받았다고 하지만 실은 구원과 전혀 상관없는 삶입니다. 구원은 그런 의식주로부터 자유하는 것이고, 의식주가 묶여 있는 내일로부터 자유하는 것이고, 내일에 대한 염려로부터 자유하는 것이고, 내일이라는 미래에 갇혀 있는 나로부터도 자유하는 것이어서 이 인간 세계에서 전혀 다른 삶을 자각하며 사는 것입니다. 다른 사람들과 똑같은 24시간을 살지만 전혀 다른 놀라운 삶을 사는 것입니다.

마 7:5
외식하는 자여 먼저 네 눈 속에서 들보를 빼어라 그 후에야 밝히 보고 형제의 눈 속에서 티를 빼리라

—

—

마 23:26

눈먼 바리새인이여 너는 먼저 안을 깨끗이 하라 그리하면 겉도 깨끗하리라

예수님이 이렇게 말씀하신 것은 의식주와 별로 상관없이 사는 것처럼 행동하는 사람들이 실은 의식주에 묶여 있기 때문입니다. 바리새인들이 굉장히 하나님을 추구하는 것 같습니다. 그러나 실제로는 율법을 만들어 더 나은 의식주를 추구하고 있습니다. 마치 하나님의 일인 양 가장해서 만든 의식주를 추구하는 율법이 600여 개나 되었습니다.

이것의 본질은 위선입니다. 위선자들은 남의 허물을 찾습니다. 매일 입으로는 하나님을 얘기하지만 눈에는 인간과 인간 세상밖에 안 보이는 겁니다. 그래서 사람들의 약점과 결함을 찾기에 바쁩니다. 남의 티를 보고 살기 때문에 자기 눈에는 무엇이 들었는지 모릅니다. 그들의 내면은 위선과 가식으로 썩어 들어가고 있습니다. 예수님 보시기에 그들은 시커멓게 썩은 안을 숨기려 흰 횟가루를 뿌려 놓은 무덤과 같습니다.

그러나 정말 하나님을 추구하는 사람은 하나님 앞에 자기가 서 있는 게 기적 같아서 자꾸 자신을 들여다보게 됩니다. 그래서 하나님을 추구하는 사람일수록 자신을 더 깊이 성찰하고 자신의 잘못에 민감해져서 남의 티가 아니라 자신의 들보를 봅니다.

버릴 것을 버리고 중요한 것을 지키는 것이 살림의 비결이듯이, 인생의 비결도 중요한 것과 중요하지 않은 것을 아는 것입니다. 하나

님이 더 중요합니다. 하나님 나라를 추구하는 것이 더 중요합니다. 하나님의 뜻이 이루어지는 것이 더 중요합니다. 중요한 것, 먼저 해야 할 것을 하는 것이 신앙입니다. 그래서 신앙은 시간 혁명입니다.

하나님은 우선순위를 우리 형편에 맞게 조정하거나 변경하지 않으십니다. 하나님의 우선순위는 한 번도 바뀐 적이 없습니다. 사탄은 상황과 형편에 따라 말을 계속 바꾸면서 하나님이 정한 우선순위를 허뭅니다. 하나님의 말씀에서 빼거나 더해서 우리를 혼란에 빠뜨립니다. 그래서 하나님의 말씀을 정확히 모르면 다 중요하다고 해도 속고, 중요하지 않다고 해도 속게 됩니다. 부지불식간에 고장 난 인생, 망가진 인생이 될 수 있습니다.

인생을 승리로 이끄는 비결은 우선순위에 따라 먼저 할 일을 하는 것입니다. 하나님을 추구하고 하나님의 뜻을 따라 사는 것이 구원받은 우리가 먼저 해야 할 일입니다.

"Boys, Be ambitious!"(소년들이여, 야망을 가져라.)

영어를 처음 배울 때 이 말을 듣고 얼마나 좋았는지 모릅니다. '그래, 꿈을 크게 갖자. 야망을 품자. 이 세상이 좁다고 생각하고 살자' 했습니다.

그런데 이 말을 한 사람은 삿포로 농학교의 초대 교장인 윌리엄 클라크 박사로, 그는 매사추세츠 주립대 교수 시절 일본의 초청을 받아 건너가서 일본의 근대화에 일조한 인물입니다. 그런데 나중에 알고 보니 클라크 박사의 이 유명한 말은 중요한 말이 빠진 채로 전해진 것

—

—

이었습니다.

"Boys, Be ambitious in Christ!"(소년들이여, 예수님 안에서 야망을 가져라.)

'In Christ!'가 빠진 채 전 세계에 전해진 것입니다. 그런데 '예수님 안에서'가 사실은 그가 하고자 한 말의 핵심이 아니겠습니까? 그는 예수님 안에서 예수님과 함께 꿈꾸고 꿈을 키우라고 한 것입니다. 우리가 예수님 밖에서 꿈을 꾸고 키우면 그게 탐욕이요 죄악입니다. 먼저 그리스도 안에 있어야 세상의 차원을 살지 않고 세상을 넘어서 살 수 있습니다. 우리의 욕심과 목적을 채워 주려고 예수님이 십자가를 지신 게 아닙니다. 우리 집 한 평이라도 늘리고 차 바꿔 주려고 십자가에서 처절하게 죽으신 게 아닙니다. 어떻게 성적도 안 좋은 자녀를 아이비리그에 보내 달라고 기도합니까? 말이 안 되는 기도 제목을 놓고 주님을 흔들어 대니까 주님이 슬퍼서 금식하세요.

우리가 예수님 안에서는 야망을 가져도 좋습니다. 그건 하나님의 뜻이 될 거예요. 나는 의식주 걱정을 안 하지만 아프리카 땅의 굶주린 사람들을 위해 일생을 바치리라, 식량 문제를 해결하기 위해 연구를 계속하리라는 야망을 가지십시오. 또 이 땅의 부패와 부조리를 뿌리뽑기 위해서 국회로 가야겠다는 꿈을 꾸십시오. 기억하십시오. 우리가 말씀 안에서 먼저 하나님 나라와 그의 의를 구하는 것이 진정한 시간 혁명입니다. 그것은 시간의 우선순위, 인생의 시간 배분을 위한, 전혀 다른 질서를 세우는 혁명입니다.

먼저 하나님 나라와 그의 의를 구하는 것이 구원이요, 영원한 시

—

—

간으로 옮겨지는 비결입니다

많은 사람들이 내 나라와 내 의를 실컷 구하다가 죽기 직전에 구
원받는 것이 낫지 않겠냐고 말합니다. 아닙니다. 하나님 나라와 의를
먼저 구할 때 부어지는 기쁨은 세상의 어떤 것과도 바꿀 수 없습니다.
하나님을 먼저 구할 때 세상의 어떤 쾌락과도 비교할 수 없는 기쁨을
누리게 됩니다.

어떤 형편과 상황에서도 하나님을 먼저 구할 때 하나님이 모든
것을 더해 주시는 경험을 하는 것이 신앙입니다. 예수님은 공생애 3년
만에 다 이루셨습니다. 우리도 그 우선순위를 받아들이면 인생의 시간
이 결코 부족하지 않을 것입니다. 허락하신 소명을 이루는 데 조금도
시간이 모자라지 않을 것입니다.

8

십자가와 자유

왜 십자가의 자리로 부르시는가?

인생은 적어도 세 가지 질문에 답할 수 있어야 합니다.

"나는 누구인가?"

"나는 어디서 와서 어디로 가는가?"

"나는 왜 사는가?"

모두 피할 수 없는 질문입니다. 모든 직함이나 가진 모든 것을 내려놓았을 때, 심지어 모든 관계로부터 끊어졌을 때 '나'는 누굽니까? 또 나는 어디서 와서 어디로 가는지 고민한 적이 있습니까? 대개 이 질문들은 자아가 왕성해지는 사춘기 때 고민하다가 성인이 되어 직장 생활로 바빠지면서 수면 아래로 가라앉지만, 때가 되면 다시 수면 위로 떠올라 우리의 마음을 뒤흔들어 놓습니다.

당신은 어디로 갑니까? 왜 그렇게 바쁘게 달려갑니까? 그렇게 달려가서 마지막에 이르는 곳이 어디입니까? 우리의 결국이 묘지에 묻히는 것이라면 왜 그렇게 바쁘게 사는 겁니까?

이 근원적인 질문에 대한 분명한 답을 얻지 못하면 일생을 방황하게 됩니다. 피곤하고 힘든 인생을 살게 됩니다. 일이 많아서 피곤한

게 아닙니다. 나를 사로잡고 있는 근본적인 의문에 대한 답이 없어서 피곤하고 힘이 드는 것입니다.

예수님은 '왜 사느냐'는 우리의 질문에 한마디로 답하십니다. '이때를 위해 산다'는 것입니다. 이때를 위해 오셨고 이때를 위해 떠날 것이며, 살고 죽는 것도 다 이때를 위해서라고 말씀하십니다. 과연 이때는 언제입니까?

'이때'는 흘러가는 시간인 크로노스도 아니고 건져 올린 시간인 카이로스도 아닙니다. '이때'는 '호라'로 '어떤 일을 위한 때'입니다. hora 그 일을 하기에 가장 적합한 때, 일정한 때, 가장 좋은 때를 의미합니다. 예수님은 이 땅에 오셔서 시간을 보내시면서 과연 어떻게 그 시간을 인식했으며 어떻게 시간으로부터 우리를 구원하셨을까요?

—
—

요 12:20-21

> 명절에 예배하러 올라온 사람 중에 헬라인 몇이 있는데 그들이 갈
> 릴리 벳새다 사람 빌립에게 가서 청하여 이르되 선생이여 우리가
> 예수를 뵈옵고자 하나이다 하니

헬라인들 몇 사람이 큰 명절인 유월절을 지키려고 예루살렘에 왔습니다. 그들은 예수님과 관련된 이야기를 여기저기서 들었을 것입니다. 그래서 이왕에 예루살렘에 왔으니 예수님을 꼭 한번 뵙고 가자 했을 것입니다. 그들은 먼저 열두 제자 중의 한 사람인 빌립을 찾아갔습니다. 그들이 빌립을 찾은 이유는, 빌립이 헬라식 이름이어서 그를 헬라인이라 생각했을 수도 있고, 빌립이 헬라어에 능통했기 때문일 수도 있습니다.

어쩌면 빌립은 헬라인들을 만나고 나서 흥분했을지도 모릅니다. '예수님의 이름이 이제 온 땅에 알려졌구나. 해외에서까지 예수님을 아는구나.' 빌립이 혼자 이 일을 처리하기가 조심스러웠는지 안드레에게 가서 의논했습니다. 안드레도 내심 쾌재를 부르며 "예수님, 이제 떴습니다. 이제 진짜 유명해지신 거라구요. 외국인들도 다 알아요" 하며 헬라인들의 면담 요청을 전하고 싶었을 것입니다. 그런데 예수님은 그들을 만나겠다, 안 만나겠다는 말씀은 않고 엉뚱한 대답을 하십니다. 동문서답도 이런 동문서답이 없습니다.

—

—

요 12:23
예수께서 대답하여 이르시되 인자가 영광을 얻을 때가 왔도다

우리는 대개 언제가 영광스러운 때라고 생각합니까? 인생의 절정기가 아닐까요? 자신이 계획하고 목표로 삼던 것을 성취했을 때, 세상이 나를 칭송할 때가 아닐까요? 어느 누구도 죽을 때를 영광스럽다고 말하지 않을 것입니다.

그러나 예수님은 이때를 영광을 얻을 때라고 말씀하십니다. 예수님의 시간은 대체 어떻고, 때에 대한 관점은 어떠하기에 이런 해석을 하시는 걸까요? 예수님은 사람들이 몰려들 때, 누가 찾아오기 시작할 그때 십자가를 깊이 묵상하고 십자가로 걸어가야 한다고 말씀하신 것입니다. 예수님은 공생애 동안 줄곧 십자가를 묵상하셨습니다. 우리 눈에 보이지 않지만 예수님은 이미 십자가를 지고 골고다 언덕을 향해 걷고 계십니다. 세례 요한이 예수님에게서 십자가의 무거운 짐을 보았습니다.

요 1:29
보라 세상 죄를 지고 가는 하나님의 어린 양이로다

예수님은 십자가에 못 박힐 시간이 다가오는 이때를 '영광을 얻을 때'라고 인식하고 계십니다. 그게 하나님의 시간 인식이에요. 그리고 예수님은 하나님이 주신 미션을 잊지 않으셨습니다. '때가 가까웠다', '아직 내 때가 아니다', '곧 때가 이를 것이다'는 말씀은 다 십자가 중

—

—

심의 표현입니다.

사람은 목적을 금방 잊어버립니다. 그러나 예수님은 공생애를 시작하시면서 십자가라고 하는 목적을 잊은 적이 없습니다. 언제 어느 때라도 삶의 중심 가운데 세워진 굳건한 십자가를 향해서 걸어가셨습니다.

예수님은 사람들이 모여들기 시작할 때부터 제자들에게 줄곧 깨어 있도록 주의를 주셨습니다. 기적을 일으키신 후 사람들이 몰려오면 혼자 조용히 산으로 가서 기도하셨습니다. 제자들에게도 그 동네를 서둘러 떠나도록 하셨습니다.

예수님은 일상의 크고 작은 일을 겪으면서도 사명을 놓치지 않았습니다. 예수님에게 사람이 찾아오는 것은 일상사입니다. 그러한 삶 가운데서 단 한순간도 십자가를 잊은 적이 없으십니다. 여러분 삶의 중심은 무엇입니까? 돈을 많이 벌건 이름이 알려졌건 내게 능력이 있건 없건 간에 그 모든 것을 해석할 수 있는 키워드가 무엇입니까? 예수님은 십자가를 통해서 우리 삶이 해석되기를 원하십니다.

지금이 '영광을 얻을 때'라는 시간 인식은 지극히 역설적입니다. 십자가의 수치를 겪어야 할 때가 어디를 봐서 영광스러운 때라는 것입니까? 어째서 십자가 사건이 영광된 사건이라는 것입니까?

예수님의 독특한 점은 바로 사건 속에서 때를 보신다는 것입니다. 사건 속에 감춰진 때의 의미를 드러내서 우리 눈에 펼쳐 보여 주신다는 것입니다. 예수님의 말씀을 들으면 일상의 크고 작은 사건들 속

—

—

에 때와 시간의 의미가 감춰져 있다는 것을 발견합니다. 그리고 예수님의 시간 인식은 소명 중심, 곧 십자가 중심입니다.

요 12:24

내가 진실로 진실로 너희에게 이르노니 한 알의 밀이 땅에 떨어져

죽지 아니하면 한 알 그대로 있고 죽으면 많은 열매를 맺느니라

십자가는 한마디로 밀알이라는 말씀입니다. 또한 십자가는 많은 열매입니다. 십자가는 한 알의 밀이 떨어져 죽을 때 열매 맺는 사건입니다. 밀의 형체가 없어져야 많은 열매를 맺는 것처럼 십자가가 그렇다는 것입니다. 제자들은 예수님이 이제 많은 밀알을 뿌리셔야 할 때라고 생각했으나, 정작 예수님은 한 알의 밀이 땅에 떨어져 죽어야 할 때라고 말씀하십니다.

십자가는 이처럼 시간의 역설입니다. 십자가는 사람의 영광이 절정일 때 하나님의 영광을 위해 그 영광을 내려놓아야 한다는 것을 가르칩니다. 십자가는 내 머리에 영광의 관이 씌어졌을 때가 하나님의 영광을 위해 그 면류관을 하나님 발아래 벗어 놓을 때라고 가르칩니다. 십자가는 내가 이제 마음껏 고개를 들고 활개쳐야 할 때가 바로 한 알의 밀처럼 땅에 떨어져 썩어야 할 때라고 가르칩니다. 십자가는 그래서 인간의 지혜로는 깨달을 수 없습니다. 인간의 의지나 결심으로는 십자가를 질 수 없습니다. 오직 하나님의 지혜요 하나님의 은혜로만 십자가를 이해할 수 있고 질 수 있습니다.

—

—

요 12:25
자기의 생명을 사랑하는 자는 잃어버릴 것이요 이 세상에서 자기
의 생명을 미워하는 자는 영생하도록 보전하리라

예수님은 지금 십자가의 역설, 시간의 역설 속에 감춰진 것을 한 꺼풀
씩 벗겨 내십니다. 십자가는 인간의 시간과 하나님의 시간이 만나는 곳
입니다. 십자가야말로 시간의 신비가 드러나는 곳입니다. 바로 이곳에
서 인간의 시간이 하나님의 시간으로 변환되고 전이되기 때문입니다.

우리는 자기 생명을 너무나 사랑합니다. 그러나 십자가는 자기
생명을 미워하는 사람이 집니다. 자기 생명을 사랑하면 하나님의 시간
을 잃어버리지만, 자기 생명을 미워하는 사람은 하나님의 시간을 얻습
니다. 이것이 십자가에서 일어나는 시간의 역전입니다.

시간에 대한 헬라어 단어가 두 가지 있듯 생명 역시 두 가지 다
른 표현을 쓰고 있습니다. 우리가 아무리 애지중지해도 결국 잃어버
릴 육신의 생명은 '프시케'이고, 우리가 반드시 얻어야 할 영원한 생명
은 '조에'입니다. 이 단어를 넣어 해석하면 "네가 프시케를 사랑하면
조에를 잃어버릴 것이요 네가 프시케를 미워하면 조에를 얻게 된다"
가 됩니다. 그리스도는 우리가 그토록 애지중지하는 생명을 놓고 영원
한 생명을 붙들도록 하기 위해 오신 분입니다. 그런데 우리가 육신의
생명에 집착해서 이것이 전부인 것처럼 산다면 예수님을 아는 것입니

까? 성형으로 몸을 가꾸고 좀 더 건강하기 위해 별의별 방법을 동원하면서 남들에게는 위압적이고 위협을 가하며 산다면 어떻게 말씀과 일치한다고 할 수 있겠습니까? 신앙의 길이란 이 생명을 미워하는 길입니다. 자기애는 스스로를 우상으로 만드는 길입니다. 자기를 미워하는 것, 자기를 잃어버리는 것이 예수님이 걸어가시는 십자가의 길입니다.

요 12:26

사람이 나를 섬기려면 나를 따르라 나 있는 곳에 나를 섬기는 자도 거기 있으리니 사람이 나를 섬기면 내 아버지께서 그를 귀히 여기시리라

예수님을 섬기려면 예수님이 있는 자리에 오라고 하십니다. 바로 십자가의 자리입니다. 거기 있으면 아버지께서 그를 귀하게 여길 거라고 하십니다. 예수님이 있는 곳을 지향한다면 더 이상 자기 생명을 사랑하지 않게 됩니다. 그래서 육신의 생명이 아니라 영원한 생명에 접붙임되어서 영원을 더 사모하게 되고 주님을 더 갈망하게 되고 하나님께 민감하게 되고 하나님의 시간에 다가가게 되는 것입니다. 그래서 내 시간이 중요하지 않고 내 계획이 덜 중요해집니다.

요 12:27

지금 내 마음이 괴로우니 무슨 말을 하리요 아버지여 나를 구원하여 이때를 면하게 하여 주옵소서 그러나 내가 이를 위하여 이때에 왔나이다

예수님은 이렇게 자신의 솔직한 심경을 털어놓습니다. 마음이 괴롭다고 하십니다. "십자가는 밀알이다. 많은 열매다. 생명을 미워하라"고 말씀하셨으면 얼굴이 해같이 빛나서 완연히 웃음을 띠고 감사의 기도를 하셔야 하는데 마음이 괴롭다 하십니다. 그런데 빌립과 안드레는 지금 헬라인들이 예수님 뵙기를 청한다는 말을 전하던 참입니다. 예수님은 그들을 만나겠다는 건지, 안 만나겠다는 건지 도통 대답은 안 하시고 계속 딴소리만 하십니다.

저는 예수님의 이 고백이 놀랍습니다. 이분이 하나님입니다. 하나님은 마음을 감추시지 않습니다. 정직하신 분입니다.

성도들과 함께 다큐 영화 〈제자 옥한흠〉을 보았습니다. 옥한흠 목사님이 너무 힘들다면서 최홍준 목사님께 전화해서 주일 설교 준비를 부탁했습니다. 그러자 최 목사님이 "무슨 일이 있습니까?" 하고 물었습니다. 옥 목사님이 "내가 너무 힘들어서 쉬어야겠다" 하자 최 목사님이 다시 묻습니다. "주보에는 뭐라고 쓸까요? 기도원 가셨다고 할까요?" 그러자 옥 목사님이 담담히 대답했습니다. "그냥 그대로 써. 내가

힘들어서 쉰다고 해."

최 목사님은 인터뷰에서 "그냥 힘들어서 주일 설교 쉰다고 말할 수 있는 목사는 없습니다"라고 했습니다. 그렇습니다. 어떤 목사도 병원에 입원하든지, 기도원에 가든지 해서 주일 설교를 쉴 수 있지 그냥 힘들어서 쉬겠다고 정직하게 말하지 못합니다. 옥 목사님의 이 정직한 말 한마디에 감동되어 저도 언젠가 너무 힘이 들면 정직하게 쉬어야겠다고 말하기로 했습니다.

예수님은 피곤할 때 주무셨고, 힘들 때 앉아서 쉬셨고, 슬플 때 우셨습니다. 감정에도 솔직하셨습니다. 예수님은 완전한 하나님이지만 완전한 인간이기도 하십니다. 이것이 신비입니다. 그래서 우리는 예수님을 이해하려 하지 않고 믿습니다. 우리는 그분의 말씀을 분석하지 않고 먹습니다.

신앙은 정말 정직한 것입니다. 우리는 십자가를 져야 한다는 것을 다 압니다. 십자가가 우리의 길이란 것도 알지요. 그러나 힘든 건 힘든 거예요. 예수님도 겟세마네 동산에서 십자가를 앞에 두고 마지막 밤 땀이 핏방울같이 될 때까지 기도하셨습니다.

"아버지여 나를 구원하여 이때를 면하게 하여 주옵소서."

이것은 자칫 오해하면 앞뒤가 안 맞는 말씀입니다. 이 말씀을 정확히 번역하면 "내가 무슨 말을 하겠니? 내가 힘들다고 이때를 피하게 해달라고 해야겠니?"입니다. 원문은 "'아버지, 이 시간에서 나를 구해 주십시오'라고 말하겠니?"입니다. 그럴 수 없다는 뜻이지요. 왜 그렇습니까?

예수님이 이때를 위해서 왔고 십자가의 때를 위해서 떠나기 때문입니다. 이게 예수님의 소명입니다.

예수님은 십자가를 지기 위해 이 땅에 오셨습니다. 육신의 생명을 버려 영원한 생명을 얻고, 십자가에서의 죽음이 끝이 아니고 부활의 영광이 있으며, 인간의 시간이 전부가 아니고 하나님의 시간이 있다는 것을 알려 주기 위해 오셨습니다. 여러분은 왜 이 땅에 태어났습니까? 교회는 왜 갑니까? 목적이 분명해야 합니다.

예수님은 헬라인 몇 사람이 찾아온 이때가 십자가에 한 걸음 더 가까이 가야 할 때라는 사실을 상기하셨습니다. 이 사실을 제자들에게 털어놓음으로써 그 마음을 더 확고히 하셨습니다.

빌립과 안드레는 "인자가 영광을 받을 때가 왔다. 내가 이때를 위해 왔다"는 예수님의 말씀을 이해할 수 없었으므로 "내 마음이 괴롭다"는 말씀이 오리무중으로 들렸을지도 모릅니다. '영광이 가까웠는데 왜 괴롭지?' 하고 고개를 갸우뚱했을지도 모릅니다. 사실 하나님의 시간 계획을 제자들이 어떻게 이해하겠습니까? 나중에 그들 안에 성령님이 오셔서 가르치신 뒤에야 그들은 예수님의 이 말씀을 이해할 수 있었습니다.

요 12:28-30

아버지여, 아버지의 이름을 영광스럽게 하옵소서 하시니 이에 하
늘에서 소리가 나서 이르되 내가 이미 영광스럽게 하였고 또다시
영광스럽게 하리라 하시니 곁에 서서 들은 무리는 천둥이 울었다
고도 하며 또 어떤 이들은 천사가 그에게 말하였다고도 하니 예수
께서 대답하여 이르시되 이 소리가 난 것은 나를 위한 것이 아니
요 너희를 위한 것이니라

예수님이 "십자가를 잘 져서 십자가의 영광을 외면하지 않게 해 주세
요. 아버지의 이름을 영광스럽게 해 주세요"라고 기도하셨을 때 하나
님의 응답이 즉각 이뤄졌습니다.

"내가 이미 영광스럽게 하였고 또다시 영광스럽게 하리라."

이미 예수님이 이 땅에 오신 것으로 영광스러워졌다는 것입니다.
그리고 십자가를 지는 것을 통해서 앞으로도 영광스럽게 될 것을 말
씀하십니다. 아직 십자가를 지지 않으셨지만, 영광스럽다는 표현 속에
는 이 모든 시제가 녹아 있습니다. 하나님께서 이미 완성된 시간 속에
서 십자가를 바라보고 계시기 때문에 하나님의 시간에서 보면 십자가
는 이미 이루어진 사건이나 다름없습니다.

우리가 십자가 속으로 들어가면 세 가지 전이를 경험합니다.

첫째, 내 죄가 예수님께 전이되고 예수님의 의로운 피가 내 안에

흘러 들어오기 시작합니다. 우리는 그냥 의로워지지 않습니다. 우리의 더러운 죄의 피가 예수님께 흘러가고 예수님의 의로운 피가 우리에게 흘러오는 것입니다.

둘째, 땅의 시간이 빠져나가고 하나님의 시간이 흘러 들어옵니다.

셋째, 인간의 생명 프시케가 빠져나가고 하나님의 영원한 생명인 조에가 흘러 들어옵니다.

십자가는 대체 무슨 의미가 있습니까? 그 끔직한 형틀, 저주의 형틀이 대체 무슨 의미를 지니기에 십자가를 고집할까요? 그곳에서 이 모든 일들이 일어나기 때문입니다. 그래서 여러분이 꼭 십자가를 품게 되기를 원합니다.

하나님의 음성이 하늘에서 들렸을 때 주위 사람들이 다 들었습니다. 천둥소리 같기도 하고 천사의 음성 같기도 했다고 합니다. 그러자 예수님은 이 소리가 들린 것은 '나를 위한 것이 아니라 너희를 위한 것'이라고 설명해 주십니다. 사람한테 들린 소리는 사람을 위한 것이라고 하셨습니다. 그러므로 성경은 하나님을 위한 것이 아니라 사람을 위한 것입니다. 말씀을 들어야 하고 알아야 하고 먹어야 하는 이가 바로 우리이기 때문입니다.

여기서 한 가지 더 주목할 것이 있습니다. 하나님은 이미 예수님을 통해 영광을 받으셨고, 예수님을 더 영광스럽게 함으로써 계속 영광을 받으실 것이라는 약속을 통해서 완성된 시간을 보여 주십니다. 여기서 우리는 하나님의 언약, 하나님의 약속은 완성된 시간에서 나온다는 사실을 발견합니다. 하나님의 미래는 완성되었습니다. 완성된 미래란 미래가 현재를 통제하고 있다는 뜻입니다. 예수님이 우리에게 기도를 가르쳐 주시면서 하나님부터 구하라고 하신 이유가 바로 이 때문입니다.

내가 내 기도 제목을 놓고 기도하기 시작하면 아직 풀리지 않은 현재의 문제와 사건에서 출발하게 됩니다. 그러나 하나님으로부터 시작하면 모든 일이 끝난 시점, 해결된 시점에서 출발합니다. 그래서 하나님의 시간을 이해하는 것이 중요합니다. 사도 바울도 이 시간의 비밀을 알았습니다.

빌 4:6-7

아무것도 염려하지 말고 다만 모든 일에 기도와 간구로, 너희 구할 것을 감사함으로 하나님께 아뢰라 그리하면 모든 지각에 뛰어난 하나님의 평강이 그리스도 예수 안에서 너희 마음과 생각을 지키시리라

감사는 이미 받은 것에 대해 마음을 표현하는 것입니다. 누군가가 어떤 일을 부탁하고는 이미 다 들어준 것처럼 감사하다고 하면 얼마나 부담이 되겠습니까? 하지만 그 누군가가 자녀라면 오히려 기분이 좋습니다.

평안이 어떻게 찾아옵니까? 우리의 마음과 생각을 어떻게 해야 지킬 수 있습니까? 대체 어떻게 해야 이 지긋지긋한 염려로부터 벗어

날 수 있습니까? 하나님의 시간 속에서만 온전히 벗어날 수 있습니다. 영생의 시간 속에서만 벗어날 수 있습니다. 영원한 시간에서는 이 땅의 시간에서 일어나고 있는 일들의 배후가 드러납니다.

십자가를 통과해야 자유하다

요 12:31

이제 이 세상에 대한 심판이 이르렀으니 이 세상의 임금이 쫓겨나리라

십자가는 이 세상에 대한 심판이며 이 세상 임금이 쫓겨나는 사건입니다. 우리 눈에는 안 보이지만 이 땅을 다스리는 세력이 있습니다. 십자가는 이 세상을 다스리는 영적 존재인 사탄이 쫓겨나는 사건입니다. 십자가를 경험한 사람은 더 이상 그 세력에 붙들리지 않습니다. 삶에 놀라운 변화가 일어납니다.

십자가를 통과해 예수님을 알아 갈수록 왜 점점 자유로워집니까? 세상 권세로부터 풀려나기 때문입니다. 더 이상 돈이 중요해지지 않기 때문입니다. 더 이상 권력이 두렵지 않고 인기를 추구하지 않게 되기 때문입니다.

요 5:24

내 말을 듣고 또 나 보내신 이를 믿는 자는 영생을 얻었고 심판에

—

—

이르지 아니하나니 사망에서 생명으로 옮겼느니라

십자가가 골고다 언덕에 높이 세워졌다는 것이 무엇을 의미합니까?
골고다는 '해골의 언덕'이란 뜻입니다. 이 땅은 해골의 땅, 죽음의 땅
입니다. 그 죽음의 땅에 십자가가 세워짐으로써 세상 임금이 쫓겨나고
세상에 있는 모든 통치권이 떠났습니다. 그래서 십자가를 경험한 사람
만이 이 땅의 권세로부터 자유해지는 경험을 하게 됩니다. 더 이상 이
땅의 것들에 묶여 살지 않게 되는 것입니다.

요 12:32-33
내가 땅에서 들리면 모든 사람을 내게로 이끌겠노라 하시니 이렇
게 말씀하심은 자기가 어떠한 죽음으로 죽을 것을 보이심이러라

예수님이 십자가를 지는 목적은 이 땅의 모든 사람들을 하늘로 들어
올리기 위해서라고 하십니다. 십자가는 땅에서 하늘로 들리는 곳입니
다. 십자가는 끔찍한 형틀이지만 땅의 시간에서 하늘의 시간으로, 사
망의 시간에서 생명의 시간으로 들리는 곳입니다. 십자가에서 모든 사
람들이 인간의 시간으로부터 풀려나는 경험을 하게 되는 것입니다. 더
이상 죽음의 시간, 고통의 시간에 묶여서 신음하지 않게 되는 것입니
다. 십자가는 바로 영원한 시간입니다. 그래서 십자가는 하나님의 지
혜입니다. 어느 누가 이런 지혜를 가질 수 있습니까? 어떤 학자, 어떤
철학, 어떤 사상이 이런 지혜를 보일 수가 있습니까? 누가 우리를 죽

음에서 건질 수 있습니까? 누가 우리를 사망의 음침한 골짜기 같은 두려운 시간에서 평강의 시간으로 건져 줄 수 있습니까?

구원이라는 놀라운 시간의 혁명을 경험하면, 우리가 바쁜 일정 속에 있다 하더라도 중심은 더 이상 바빠지거나 요동치지 않습니다. 우리 중심 안에 십자가가 세워졌기 때문입니다. 십자가를 통해서 내가 죽고 그리스도가 사는 것을 경험했기 때문입니다. 이제 내 안에 사는 이가 그리스도라는 고백이 날마다 터져 나오기에 하나님 나라와 의를 위해 사는 삶이 시작되는 것입니다. 신앙은 내가 조금 좋아지는 게 아닙니다. 신앙은 거듭나는 사건입니다.

공직자를 '퍼블릭 서번트[public servant]'라고 부릅니다. 진정한 서번트[servant](종)란 십자가를 통과하지 않고서는 탄생할 수 없습니다. 그분과 함께 죽음을 경험하지 못하면 절대로 서번트가 되지 못합니다. 그런데 우리는 사실 왕이 되기 위해서 꿈꾸는 사람들입니다. 전략적으로 서번트인 척할 수는 있지만 십자가를 통해서 진정 죽어 보지 않은 사람이 어떻게 누구를 섬길 수 있습니까?

십자가를 통과하지 않았다면 결국은 나를 섬기는 것이고, 무슨 일을 해도 하나님의 일이 아니라 내 일을 하는 것입니다. 교회에 사람이 많아지고 건물이 커지고 제도가 튼튼해진다고 한들 그게 어떻게 하나님의 일과 관련이 있겠습니까? 교회는 십자가 위에 세워졌습니다. 교회 위에 십자가가 세워진 것이 아닙니다. 말씀과 기도, 예배를 통해서 시간이 변하는 것을 경험하고, 나 중심에서 하나님 축으로 이

동하고, 전혀 다른 질의 삶이 펼쳐지는 것이 교회입니다. 교회에서 사업할 게 있습니까? 돈 얘기를 할 게 있습니까? 세상 뉴스 이야기할 게 있습니까? 교회는 단 한 가지, 십자가를 확인하고 십자가에 나 자신이 죽기 위해서 오는 것입니다. 십자가에서 죽었더니 그리스도의 새 생명이 나에게 흘러 들어오는 것을 날마다 경험하기 위해 예배의 자리에 나오는 것입니다. 그런 하나님의 놀라운 섭리 때문에 인생에 대한 모든 관점이 달라지고, 사람을 보는 시선이 달라지고, 살아가는 목적이 완전히 새로워지고, 영원을 향해서 뚜벅뚜벅 걸어갈 수 있는 것입니다.

우리는 묘지에서 만나지 않을 것입니다. 우리는 하나님의 집에서 만날 것입니다. 우리는 인간의 시간 속에서 고통 받지 않을 것입니다. 우리는 하나님의 시간 속에서 훨훨 날듯 자유함을 경험하게 될 것입니다. 이 땅의 것들로 묶여 사는 인생이 아니라 하나님의 것들로 자유로워지는 삶을 살게 될 것입니다. 주님이 십자가에서 우리에게 선물로 주신 유언이 있습니다.

"다 이루었다."

십자가만이 인생의 본질적인 질문과 우리 힘으로 어쩔 수 없는 문제를 끊습니다. 거기서 우리는 새롭게 태어납니다.

9

깨어 있음과 분별

종말의 시간을
어떻게 살 것인가?

우리는 종말을 이야기할 때마다 "그때가 언제인가? 그때가 오긴 하는가?" 하며 관심을 보입니다. 기독교는 종말론적 역사관과 인생관을 가지고 있습니다. 시작이 있고 끝이 있는 시간관입니다. 언제가 끝인지 늘 궁금하지만 이보다 더 중요한 것은 종말의 때와 시간을 어떻게 살아가느냐입니다.

그때를 알 수 있는 사인이 있다

예수님이 제자들과 함께 예루살렘 성전에 가셨습니다.

"예수님, 저 성전 좀 보십시오. 저 돌들 좀 보세요. 어떻게 저런 돌들을 쌓을 수 있단 말입니까?"

제자들이 웅장한 성전을 보고 입을 다물지 못합니다. 헤롯 대왕은 이스라엘 백성의 환심을 사기 위해 스룹바벨 성전을 증축 리모델링했는데 당시 건축에 사용된 큰 돌 하나의 길이가 무려 12미터, 너비가

3.6미터, 높이가 6미터에 달했습니다. 성전 뜰은 대리석을 깔았고, 문은 금이나 은으로 장식했습니다. 성전 전체 면적이 예루살렘 성의 6분의 1가량을 차지할 정도로 화려했는데 이스라엘 백성이라면 누구라도 '메시아가 올 때까지 이 성전이 영원하겠구나' 생각했을 것입니다. 예수님은 그들의 생각을 아시고 이렇게 말씀하셨습니다.

막 13:2
예수께서 이르시되 네가 이 큰 건물들을 보느냐 돌 하나도 돌 위에 남지 않고 다 무너뜨려지리라 하시니라

제자들은 예수님의 말씀에 깜짝 놀랐습니다. 그래서 감람산에 올라가 성전을 내려다보면서 제자들이 다시 물었습니다. "예수님, 그런 일이 언제 일어나겠습니까? 그 전에는 어떤 징조가 있습니까?" 그러자 예수님이 네 가지 징조를 알려 주셨습니다.

막 13:5-9
예수께서 이르시되 너희가 사람의 미혹을 받지 않도록 주의하라

—

—

179

많은 사람이 내 이름으로 와서 이르되 내가 그라 하여 많은 사람을 미혹하리라 난리와 난리의 소문을 들을 때에 두려워하지 말라 이런 일이 있어야 하되 아직 끝은 아니니라 민족이 민족을, 나라가 나라를 대적하여 일어나겠고 곳곳에 지진이 있으며 기근이 있으리니 이는 재난의 시작이니라 너희는 스스로 조심하라 사람들이 너희를 공회에 넘겨 주겠고 너희를 회당에서 매질하겠으며 나로 말미암아 너희가 권력자들과 임금들 앞에 서리니 이는 그들에게 증거가 되려 함이라

첫째, 거짓 선지자들이 예수님의 이름으로 능력을 보이며 사람들을 미혹할 것입니다. 그들은 능력을 가지고 기적과 기사를 보이겠지만 거짓 선지자들로 인해서 마지막 종말의 때는 분명히 드러날 것이라고 말씀하십니다. 둘째, 민족과 민족이, 나라와 나라가 싸울 것입니다. 셋째, 곳곳에서 지진과 기근이 있을 것입니다. 넷째, 크리스천에 대한 핍박이 극심해지고 환난이 일어날 것입니다. 예수님의 이 예언은 눈앞에 있는 헤롯 성전과 예루살렘의 종말(AD 70년 성취)에 관한 것이자, 이 세상의 종말과 우주적 종말에 관한 이중 경고입니다.

그러나 어떤 사람들은 예수님의 재림을 믿지 못하고 비웃습니다.

마 24:38-39

홍수 전에 노아가 방주에 들어가던 날까지 사람들이 먹고 마시고 장가들고 시집가고 있으면서 홍수가 나서 그들을 다 멸하기까지

—

—

깨닫지 못하였으니 인자의 임함도 이와 같으리라

노아 시대 사람들은 홍수가 웬 말이냐며 시집가고, 장가들고, 먹고마시며 일상생활을 했습니다. 오히려 노아의 삶을 이해하지 못하고 비난했습니다. 배를 지을 거면 바닷가에 짓지 왜 산 중턱에 짓냐, 한두 해도 아니고 120년간 짓다니 제정신이냐, 가족은 그간 어떻게 생활했냐 등 온갖 조롱과 비난을 받았을 것입니다. 그들은 장대비가 쏟아지는 그 순간까지 노아를 비웃었을 것입니다. 아마 모든 집이 침수되고 시신이 낙엽처럼 떠밀려 다닐 때에야 비로소 굳게 닫힌 방주를 바라보며 깊이 후회했을 것입니다. 심판은 도둑같이 옵니다(살전 5:2). 주님은 노아 시대에 예견된 홍수처럼 오실 것입니다. 그리고 그때나 지금이나 사람들의 반응은 크게 다를 바가 없을 것입니다.

하지만 이보다 더 주목할 것은 예수님이 이 종말의 시간을 어떻게 살아야 할지를 알려 주신다는 사실입니다. 먼저 인간의 시간 속에서 하나님의 시간을 알아차리고 준비하라고 알려 주십니다.

막 13:28-29
무화과나무의 비유를 배우라 그 가지가 연하여지고 잎사귀를 내면 여름이 가까운 줄 아나니 이와 같이 너희가 이런 일이 일어나는 것을 보거든 인자가 가까이 곧 문 앞에 이른 줄 알라

"무화과나무 가지가 부드러워지고 잎이 무성해지면 여름이 가까이 왔

—

—

다는 것을 알지 않느냐? 아무 징조 없이 계절이 바뀌는 법이 없지 않느냐? 동이 트면 아침이 오고 해가 저물면 밤이 오는 것을 보고 때를 분간하지 않느냐? 하물며 종말의 때, 곧 내가 다시 올 때 아무 조짐이 없을 수 있겠느냐?"고 말씀하십니다.

이 땅에 있는 모든 것들이 자연적인 시간 크로노스를 따라 흘러가고 있지만, 그 시간 가운데 하나님의 뜻과 계획이 숨어 있다는 것입니다. 천하만물 가운데 하나님의 섭리가 있습니다. 이것을 '일반 계시'라고 말합니다. 우리가 분별하고자 주의를 기울인다면 흘러가는 이 자연의 시간을 통해서도 하나님의 시간을 느낄 수 있습니다.

하나님은 왜 자연적인 시간을 통해서도 하나님을 계시하고자 하십니까? 인간에게 하나님을 알리는 하나의 방법이기 때문입니다. 신앙이 없는 사람조차도 자연 속에서 하나님을 느낄 수 있도록 만드셨습니다. 때가 이르러 예수 그리스도를 보내 주셔서 분명한 구원의 역사를 알려 주셨지만 하나님은 그 전이나 이후에도 시간을 통해서 인간의 시간과 삶 속에 계속해서 스스로를 드러내시고 말씀하십니다.

그래서 때를 분별하는 것이 성숙이고 지혜의 척도입니다. 미숙한 아이들은 때를 분간하지 못합니다. 공부해야 할 때 놀고 시험 직전에는 줍니다. 결혼 적령기를 놓치면 어떻습니까? 기회가 확연히 줄어듭니다. 우리는 정직해야 할 때 거짓말을 하고, 입을 다물어야 할 때 쓸데없는 말을 합니다. 자야 할 때 깨어서 딴짓을 하고, 일어나야 할 때 더 자겠다고 고집을 부립니다. 때를 안다는 것은 굉장히 중요한 분별

—

—

력이고, 지혜의 가장 중요한 자원입니다.

예수님이 정말 하고 싶은 말씀이 무엇입니까? 하나님은 인간이 인간의 시간으로 끝내지 않고 하나님의 시간으로 편입할 수 있는 사인을 반드시 보내신다는 것입니다. 주님이 다시 올 때 이런저런 사인들이 있을 것이고, 그러면 예수님이 바로 문 앞에 있어 문을 열기 직전이라는 것을 알아차리라고 하시는 것입니다.

알아차린 뒤에는 무엇을 해야 합니까? 준비해야 합니다. 다시 말해 인간의 시간 속에서 하나님의 시간을 알아차리면 하나님의 시간을 맞을 채비를 하라는 의미입니다. 인간이 다른 동물과 다른 이유는, 이 땅의 시간이 끝이 아니라는 사실을 안다는 점입니다. 나아가 인간의 시간을 사는 동안 하나님의 시간을 맞이할 준비를 해야 한다는 사실을 마음속 깊은 곳에서 자각하고 있다는 사실입니다.

막 13:30-31

내가 진실로 너희에게 말하노니 이 세대가 지나가기 전에 이 일이 다 일어나리라 천지는 없어지겠으나 내 말은 없어지지 아니하리라

이제 곧 종말의 시간이 시작됩니다. 언제 일어납니까? 이 세대가 지나가기 전에 일어납니다. 여기서 세대란, 가문, 족속, 인종, 시대 등을 아우르는 뜻을 가지고 있습니다. 영어성경은 한결같이 'generation'이라고 번역했습니다. 우리말성경도 예외 없이 '세대'라고 번역했습니다. 대체로 한 세대는 30년입니다. 예수님 시대에는 100년 정도를 한 세

대로 여겼습니다.

예수님의 예언 후 AD 70년에 이 모든 일이 일어났습니다. 로마의 침공으로 예루살렘 성전은 완전히 무너졌습니다. 100만 명 이상이 학살되었고, 굶어 죽은 사람만 11만 명이었습니다. 얼마나 끔찍했는지 도처에서 어린아이를 삶아 먹었다고 합니다. '이 세대'는 단순히 AD 70년의 일만을 의미하지는 않습니다. 이 세대는 '오고 올'이라는 뜻이 담겨 있습니다. 인간의 역사가 계속되고 땅의 시간이 지속되는 동안 그런 일들이 일어난다는 것입니다.

언젠가는 인간의 역사가 끝나는 시점이 올 것입니다. 그때에는 하늘과 땅도 없어지겠지만 하나님의 말씀은 영원히 살아 있을 것입니다. 하나님의 말씀이란 우리가 살아가는 이 시간을 초월하는 하나님의 능력이고 하나님의 생명입니다. 우리가 말씀을 붙들어야 하는 이유는 이 말씀이 천지가 없어진 이후에도 살아 있는 영원한 생명 그 자체이기 때문입니다. 그래서 사도 요한은 "태초에 말씀이 계시니라 이 말씀이 하나님과 함께 계셨으니 이 말씀은 곧 하나님이시니라"(요 1:1)고 했습니다. 이 말씀을 아는 것이 곧 영생입니다.

과연 인류 역사는 어디를 향해 가고 있을까요? 이 세대는 마지막을 향해서 그리고 예수님의 재림을 향해서 흘러가고 있습니다. 종말을 향해 흘러가는 인간의 시간 속에서 이를 암시하는 사건들이 반복해서 일어나고 있습니다.

하지만 여전히 알 수 없는 것이 있습니다. 그때가 언제인가 하는

것입니다. 종말의 때는 어떤 미래학자도 예견하지 못합니다. 예수님은
분명히 그때는 아무도 모른다고 말씀하셨습니다.

그러나 그날은 아버지만이 아신다

막 13:32
그러나 그날과 그때는 아무도 모르나니 하늘에 있는 천사들도, 아
들도 모르고 아버지만 아시느니라

삼위일체 하나님이면 이 정도의 정보는 공유해야 하지 않겠습니까?
그런데 아버지만 아신다는 겁니다. 하지만 당시 유대인들은 이 말씀이
무슨 뜻인지 금방 알아들었습니다.

'아! 신랑이 신부를 데리러 온다는 얘기구나.'

이 말은 결혼 풍습에서 유래되었기 때문입니다. 유대인 신랑은
결혼 전에 신부 집에 가서 신부 아버지에게 청혼을 합니다. 그런데 이
때 신랑은 자신을 가장 잘 보증해 줄 수 있는 가까운 집안 어른을 모
시고 갑니다. 포도주 한 잔이 든 가죽부대와 금은 등의 지참금, 그리고
결혼 서약문을 가져가야 합니다. 신부 아버지가 마음이 열리면 결혼
을 허락합니다. 그러면 신부와 약혼식을 합니다. 가지고 간 포도주 가
죽부대에서 포도주를 따라 반씩 나눠 마시고, 한 모금 남겨서 그걸 결
혼서약서에 부으면 합법적으로 부부가 된 겁니다. 바로 합방하는 것은

아니고 이 일을 마치면 신랑은 다시 돌아갑니다.

집에 돌아온 신랑은 신부를 데려올 거처를 마련합니다. 이때까지 1년가량의 시간이 걸립니다. 신랑은 이제 아버지의 최종 허락을 기다립니다. 어느 날 신랑의 아버지가 아들을 불러 "준비가 다 끝났으니 이제 가서 신부를 데려오너라" 하면 허락이 떨어진 것입니다. 그런데 그날은 오직 아버지가 결정합니다. 신랑 아버지의 고유 권한입니다. 신부는 신랑이 올 동안 시댁 문화를 연구하고 정숙하게 자신을 가꿉니다. 이 같은 결혼 풍습에 익숙한 이스라엘 백성에게 '그날은 아버지만 아신다'는 말씀은 전혀 이상할 게 없는 것이었습니다.

예수님이 다시 오신다는 것, 다시 오셔서 예수님을 애타게 기다리는 성도들을 데려가리라는 것, 이보다 더 기쁜 소식이 어디 있겠습니까. 이것이 복음입니다. 신랑을 기다리는 게 신앙인의 자세입니다.

그런데 간혹 이 날짜를 안다는 사람들이 있지요. 성경의 어디에 그날과 그때를 알려 주는 단서가 있느냐고 해도 그들은 막무가내로 그날을 안다고 합니다. 심지어 날과 시는 몰라도 연도와 달은 모른다고 적혀 있지 않기 때문에 알 수 있다고 주장합니다. 안식교(제칠일안식일 예수재림교)를 세운 윌리엄 밀러는 1843년 3월 21일에서 1844년 3월 21일 사이에 재림이 있을 거라 예언했고, 국내에서도 다미선교회가 1992년 10월을 주장했지요. 그러나 그들은 예외 없이 사회적 물의를 빚고 지탄의 대상이 되었습니다.

이렇게 마지막 때를 안다고 말하는 사람이 있으면 분명히 이단입니다. 지금까지 그때를 제시한 수많은 이단들이 거짓으로 판명 났지만, 그럼에도 주님이 오시는 날까지 그날을 안다고 주장하는 이단들이 나타날 것입니다. 한술 더 떠 자신이 예수라고 주장하는 사람들이 있습니다. 십자가에 못 박힌 예수는 가짜이고 자신이 진짜 예수라는 사람도 있습니다.

그런데 더 놀라운 건, 이들의 얼토당토않는 주장을 믿는 사람들이 상당하다는 사실입니다. 어떤 사람은 전 재산을 팔아 노예처럼 속박되기를 주저하지 않습니다.

그런 의미에서 종교는 무엇보다 강력한 권력이자 두드러진 능력입니다. 어떤 것보다 유혹적이고 영향력도 큽니다. 그러나 종교는 사람들을 땅의 것들로 유혹하고 허기지게 하고 옴짝달싹하지 못하게 묶습니다. 그러나 예수님은 우리를 다시 불러 세웁니다.

막 13:33
주의하라 깨어 있으라 그때가 언제인지 알지 못함이라

원문을 직역하면 '보라, 깨어 있으라. 왜냐하면 그때가 언제인지 알지 못하기 때문이다'가 됩니다. 성경은 인간의 시간이 끝나는 때가 홀연히 올 것이라고 말합니다. 이것이 성경의 시간관입니다. '인간의 시간은 언제라도 끝날 수 있다'가 크리스천의 시간관입니다. 그래서 시간에 관한 한 언제든지 긴박한 마음을 가져야 합니다. 긴박하다고 해서 초조하거나 불안하거나 서두르는 것이 아닙니다. 인간에게 주어진 시간은 시간을 창조하신 분이 언제든지 거두어 가실 수 있다는 사실에 겸손한 것이고 진지하게 준비하는 것입니다. 한편으론, '시간은 선물이구나, 인생은 선물이구나!'를 깨닫고 유한한 시간이지만 이 시간을 허락하신 그분께 감사하고 경탄하는 것입니다.

종말의 시간을 어떻게 살 것인가

예수님은 인간이 어떠한 태도로 시간을 대할지에 대해 다시 비유로 말씀하십니다.

> 막 13:34-35
> 가령 사람이 집을 떠나 타국으로 갈 때에 그 종들에게 권한을 주어 각각 사무를 맡기며 문지기에게 깨어 있으라 명함과 같으니 그러므로 깨어 있으라 집주인이 언제 올는지 혹 저물 때일는지, 밤중일는지, 닭 울 때일는지, 새벽일는지 너희가 알지 못함이라

집주인이 해외 출장을 떠났습니다. 집에 있는 하인들에게 각자 권한과 책임을 맡겼습니다. 그런데 떠날 때 돌아올 날짜를 알려 주지 않았습니다. 다만 차분한 목소리로 명령합니다. "깨어 있으라." 이 말이 마가복음 13장 34-35절까지 세 번 나오는데 그중에 34절의 '깨어 있으라'는 '준비하라'는 뜻이 강합니다. 번역해 보면 '준비하라. 그때가 언제

인지 모르지 않느냐'라고 해석할 수 있습니다. 하지만 35절에 나오는 '깨어 있으라'는 "넋 놓고 있지 마라, 정신 차리고 있어라. 졸지 마라"의 의미입니다.

예수님은 비유로 말씀하시고 다시 풀어 주십니다.

"주인이 왜 정신 차리고 있으라고 하는지 알겠느냐? 집주인이 돌아올 시간이 한밤중인지 새벽인지 아침인지 어떻게 알겠느냐? 네가 주인의 귀가 시간을 모른다면 한 가지밖에 더 있겠느냐? 주인이 언제라도 돌아올 수 있다는 것을 알고 항상 주인을 맞을 준비를 하고 있으면 되지 않겠느냐?"

주인은 청지기에게 귀국 날짜를 알려 주지 않았습니다. 왜 안 가르쳐 주셨을까요? 날짜를 알려 주면 악한 하인은 돌아오기 직전까지 놀 것 아니겠습니까? 술 친구를 불러서 파티하고 시간 다 보낼 것입니다. 또 어리석은 종은 일은 안 하고 매일 골방에 들어가서 기도하고 있을 것입니다. 예수 믿는 사람은 기도원에서 시간을 다 보내지 않습니다. 거기서 아침부터 밤까지 기도하는 것보다 더 중요한 일을 맡겨 주셨기 때문입니다.

주인이 청지기에게 맡긴 사무는 그 집에 있는 사람들을 잘 돌보는 것입니다. 남의 일하듯 하지 말고 주인 일을 내 일처럼 하는 게 청지기 정신 아닙니까? 예수님도 베드로에게 "내 양을 치라"고 세 번이나 말씀하셨습니다. '치라'는 말은 양육하라, 돌보라는 말입니다. 이것이 주인이 떠나면서 부탁한 유일한 일입니다.

—

—

어느 50대 초반의 말기암 환자가 있었습니다. 의사로부터 살 날이 6개월가량 남았다는 말을 들었습니다. 수많은 생각이 오고갔지만 그는 고심 끝에 두 달 동안은 마음이 어려웠던 사람들과 관계를 푸는 데 쓰기로 결정했습니다. 그래서 사람들에게 병문안을 와 달라고 부탁하고선, "와 줘서 고맙습니다. 생각해 보니, 이런 일들이 당신에게 참 불편했을 것 같습니다. 꼭 사과하고 싶었습니다" 했습니다. 그렇게 한 사람 한 사람씩 안고 울고 눈물로 화해하는 시간을 가졌습니다. 그리고 나머지 시간은 사랑했던 사람들에게 연락하여 그들을 만나면서 보냈습니다. 그런데 놀랍게도 그 사이에 암이 깨끗이 나아 병원에서 나갈 수 있었습니다. 누군가 그에게 병실에 있던 6개월이 아깝지 않느냐고 묻자 그는 이렇게 대답했습니다.

"아니. 지금껏 살았던 50평생은 헛산 거고, 병실에 있던 시간이 유일하게 바르게 살았던 시간이야. 내게 가장 의미가 있었다네. 나머지 내 남은 인생도 그렇게 살기로 결정했다네."

이것이 종말론적 시간입니다. 누구에게나 종말은 있습니다. 그때를 모를 뿐입니다. 예수님은 이 종말의 시간을 살아갈 때 가장 중요한 우선순위가 어디 있는지 가르쳐 주기 위해서 이 비유를 하신 겁니다.

막 13:36
그가 홀연히 와서 너희가 자는 것을 보지 않도록 하라

이 말씀의 핵심은 무엇입니까? '홀연히'입니다. 예수님이 다시 오시는 일은 뜻밖의 일입니다. 주님은 전혀 예상하지 못한 시간에 온다는 것입니다. 그리고 '자지 말라' 하셨습니다. 이 말은 곧 깨어 준비하고 있으라는 의미입니다. 노아의 홍수 때 그랬듯이 많은 사람들이 전혀 준비되지 않은 채로 그때를 맞을 것이지만, 너희는 깨어 준비하고 있으라는 의미입니다.

열 처녀 비유에서 다섯 처녀는 기름을 사러 갔다가 신랑을 맞이하지 못했습니다. 준비하지 않았기 때문입니다. 정신 차리고 있지 않았기에 그런 일이 일어난 것입니다.

종말은 전혀 뜻밖의 때에 닥칩니다. 시간에 대한 인식을 놓치면 천국에 대한 소망 자체가 사라져 버릴 수 있습니다. 이 땅에 사는 것이 익숙해지고, 이 땅에 모든 기준을 두어 하루하루 쫓기듯 살 것입니다. 인간의 시간을 넘어서는 시간이 있다는 것을 기억하십시오. 이 시간에서 건짐을 받는 것이 구원이라는 것을 기억하십시오.

구원의 시간이란 어떤 시간입니까?

고후 6:2
보라 지금은 은혜 받을 만한 때요 보라 지금은 구원의 날이로다

종말론적 시간은 인간의 시간과 하나님의 시간이 절묘하게 겹쳐 있는 시간입니다. 그래서 이 시간이 소중합니다. 이 시간을 어떻게 활용할지, 이 시간을 어떻게 쓰며 살지가 너무 중요합니다. 악한 종처럼 매일 파티나 하고 먹고 마시는 데 시간을 써 버리거나 세상 것을 좇느라 정

신없이 사는 사람이 있는가 하면, 깊은 골방에 들어가서 주인이 어떤 부탁을 했건 상관없이 재림의 날을 기다리는 사람도 있습니다. 이 모두가 주님이 원하시는 길이 아닙니다.

종말의 시간을 산다는 건, 오늘이 종말이든 내일이 종말이든 상관없는 삶입니다. 종말론적 삶이 이미 영원에 편입된 시간이기 때문입니다.

예수님은 이 땅에서 33년을 사셨습니다. 공생애는 고작 3년에 불과합니다. 그러나 예수님이 모든 것을 다 이루었다고 고백할 수 있는 이유는 무엇입니까? 그 3년의 시간에 영원의 시간이 접속되었기 때문입니다.

우리가 종말의 때는 알 수 없지만 징조는 분간할 수 있습니다.

살전 5:1-2
형제들아 때와 시기에 관하여는 너희에게 쓸 것이 없음은 주의 날이 밤에 도둑같이 이를 줄을 너희 자신이 자세히 알기 때문이라

바울 사도는 최후의 시간은 도둑같이 온다고 말합니다. 개인적인 종말이든 전 지구적인 종말이든 종말은 반드시 있습니다.

벧후 3:10
그러나 주의 날이 도둑같이 오리니 그날에는 하늘이 큰 소리로 떠나가고 물질이 뜨거운 불에 풀어지고 땅과 그중에 있는 모든 일이 드러나리로다

—

—

그날은 하늘이 떠나고 땅의 모든 것이 드러나는 날입니다. 모든 유형의 것들이 불길 가운데 사라지게 될 것입니다. 듣기에 따라서는 두려운 얘깁니다. 그러나 구원받은 백성에게는 기대가 되고 기다려지는 시간입니다.

> _{계 21:1-2}
> 또 내가 새 하늘과 새 땅을 보니 처음 하늘과 처음 땅이 없어졌고 바다도 다시 있지 않더라 또 내가 보매 거룩한 성 새 예루살렘이 하나님께로부터 하늘에서 내려오니 그 준비한 것이 신부가 남편을 위하여 단장한 것 같더라

이처럼 사도들은 그날에 대해 같은 목소리를 내고 있습니다. 그날은 '도둑같이 올 것이다, 아무도 그날을 알지 못한다, 그날은 인간의 시간이 아닌 하나님의 시간으로 옮겨 가는 날이다'가 그 요지입니다.

> _{막 13:37}
> 깨어 있으라 내가 너희에게 하는 이 말은 모든 사람에게 하는 말이니라 하시니라

신부로 단장하고 있으면 신랑이 오는 것이 얼마나 기대되고 기다려집니까? 시험 준비를 제대로 하고 있으면 시험 날짜가 다가오는 것이 은근히 기대되지 않습니까? 일터에서 맡겨진 일을 잘 마무리하고 나면 승진이 기대되어 인사 때가 기다려지지 않습니까? 그러므로 종말의

—

—

시간을 대비하는 것은 주어진 일, 맡겨진 일을 제대로 하는 것입니다.

이 모든 것이 이렇게 풀어지리니 너희가 어떠한 사람이 되어야 마
땅하냐 거룩한 행실과 경건함으로 하나님의 날이 임하기를 바라
보고 간절히 사모하라 그날에 하늘이 불에 타서 풀어지고 물질이
뜨거운 불에 녹아지려니와 우리는 그의 약속대로 의가 있는 곳인
새 하늘과 새 땅을 바라보도다

'경건한 삶과 거룩한 행실'이란 인간의 시간 속에서 살지만 하나님을
사랑하고 하나님의 시간을 기다리는 사람들의 삶의 모습입니다. 우리
는 지금 이 땅에서 살지만 약속하신 새 하늘과 새 땅을 바라보면서 살
아야 합니다. 노아처럼 사람들 틈에서 살지만 하나님과 눈을 맞추고
그 눈에서 하나님의 호의, 하나님의 은혜를 발견해야 합니다. 예수님
이 좀 더 알기 쉽게 그런 삶을 말씀해 주셨습니다.

마 24:44-47

이러므로 너희도 준비하고 있으라 생각하지 않은 때에 인자가 오
리라 충성되고 지혜 있는 종이 되어 주인에게 그 집 사람들을 맡
아 때를 따라 양식을 나눠 줄 자가 누구냐 주인이 올 때에 그 종이
이렇게 하는 것을 보면 그 종이 복이 있으리로다 내가 진실로 너
희에게 이르노니 주인이 그의 모든 소유를 그에게 맡기리라

—
—

IO

악을 이기는 기준

악한 시대를

어떻게 이길 것인가 ?

지혜는 때를 분별합니다. 지금은 어떤 때인가, 지금 뭘 해야 하는가, 어느 때까지 인내해야 하는가. 지혜로운 사람은 때에 따라 합당하게 살아갑니다. 그렇다면 지금은 어떤 때입니까? 인류 역사를 통틀어 지금만큼 풍요로운 시대가 있었나 싶습니다. 그래서 우리는 세상이 더 살기 좋아질 거라고, 우리가 유토피아를 만들어 갈 수 있다고 생각합니다. 과연 그렇습니까?

풍요로워져서 인간이 이전보다 더 선해졌을까요? 더 행복해졌을까요? 저는 하나님의 시간과 인간의 시간을 살펴보면서 오히려 세상과 인간이 더 악해지고 타락하고 있다는 생각이 듭니다.

저는 일생을 세상의 사건 사고에 촉각을 곤두세우고 살았습니다. 지금 세상에서 무슨 일이 일어나고 있나, 내 주변 사람들은 어떻게 살고 있나에 관심이 많았습니다. 그런데 언젠가부터 뉴스를 듣는 것이 힘들어졌습니다. 하나같이 인간의 탐욕과 부패와 관련된 소식들이다 보니, 인간이 얼마나 죄인인지, 얼마나 악할 수 있는지를 확인할 따름이었습니다. 이 세상의 본질을 안다면 세상에 대해 그릇된 환상을 가지지 않습니다.

성경을 보면 가인이 첫 살인을 범한 후 인간의 죄가 점점 더 눈덩이처럼 불어나는 것을 발견하게 됩니다. 얼마나 죄가 극심하고 만연했는지 노아 홍수 때 하나님께서 사람을 지으신 것을 후회한다고 표현하셨습니다. 정말이지 죄는 빠르게 번식합니다. 이 땅에 홍수가 있기 전에 먼저 죄의 홍수가 있었습니다. 소돔과 고모라가 불로 심판 받기 전에 먼저 죄악의 불길에 휩싸였습니다.

그러고 보면, 인간은 늘 악한 때를 살았습니다. 지금이라고 별반 다르지 않습니다. 앞으로도 악한 사람들과 더불어 악한 시대를 살 것입니다. 그렇다면 우리는 어떻게 악을 이기는 삶을 살 수 있습니까?

악한 때를 견디라

시 37:1
악을 행하는 자들 때문에 불평하지 말며 불의를 행하는 자들을 시

—

—

기하지 말지어다

다윗은 시편을 통해 악한 때를 사는 우리에게 하나님의 다섯 가지 기준을 알려 줍니다. 악한 때를 사는 첫 번째 지혜는 불평하지 않고 시기하지 않는 것입니다.

다윗은 왕에 오르기까지 힘든 인생 수업을 받아야 했습니다. 그는 이스라엘의 어느 누구도 상대하기 싫어하는 골리앗을 쓰러뜨렸지만 그 공로로 현직 왕인 사울에게 오랫동안 쫓겨 지명 수배자로 살았습니다. 그렇다고 왕이 된 뒤로 편안한 삶을 산 것도 아닙니다. 여전히 악한 자들의 공격을 받았고 배신을 당했습니다. 심지어 아들에게 반역당하는 고난도 겪었습니다. 다윗은 그야말로 두 발 뻗고 편안히 잠들 수 없을 만큼 늘 위기 가운데 살았습니다. 그런데도 다윗은 불평하거나 낙심하지 않았습니다. 다윗은 악에 지지 않고 선한 삶을 살아 냄으로써 하나님의 사람들의 기준이 되었습니다.

사실 악한 때가 따로 있는 것이 아닙니다. 악을 행하는 사람들은 주위에 많이 있습니다. 이들의 행동을 보면 어떻게 저렇게 사느냐고 질문하지 않을 수 없지요. 그야말로 분노가 치솟게 만듭니다.

오늘날은 미디어 시대입니다. 불평할 수 있는 창구가 얼마나 많습니까? 그런데 시편 말씀은 악한 때를 이기기 위해서는 불평하지 말라고 합니다.

여기서 '불평하다'는 단어에는 여러 가지 뜻이 포함됩니다. '불평

—

—

하다, 화내다, 속상해하다, 조바심 내다, 안달하다'는 뜻이 있습니다. 불의를 행하는 자들을 시기하거나 부러워하지 말라는 것입니다. 일확천금을 거두었건 떼돈을 벌었건 하루아침에 고관대작이 되었건 부러워하지 말라는 것입니다.

불평과 시기는 자그마한 불씨에서 비롯됩니다. 언짢고 기분이 안좋은 데서 시작되어 나중에는 그것이 습관이 됩니다. 불평 대신 감사하는 버릇을 가지십시오. 인생이 달라집니다. 감사할 거리가 있어서 감사하는 게 아니라 버릇 때문에 감사하는 겁니다.

저는 젊은 날 불평 전문가였습니다. 한국의 직장인들이 그렇습니다. 그저 윗사람만 보면 험담하는 게 취미생활이지요. 같이 밥 먹어도 불평하고 회식해도 불평합니다. 하루에도 불평할 것이 수천 가지입니다. 그러나 성경은 그런 태도로는 악한 때를 이길 수도 없고 시간에서 건짐 받지도 못한다고 합니다. 불평의 악순환에 휘말려서 인간의 시간을 살다가 끝나는 것입니다.

시 37:2
그들은 풀과 같이 속히 베임을 당할 것이며 푸른 채소같이 쇠잔할 것임이로다

악한 자들, 악행을 일삼는 사람들 때문에 속상해하지 말아야 할 까닭은 그들이 결국 풀처럼 시들거나 베임을 당할 것이기 때문입니다. 물론 우리가 생각하는 것만큼 또 기대하는 것만큼 한순간에 사라지는

—

—

것은 아닙니다. 그러나 안심하십시오. 그들은 영원하지 않습니다.

　직장에서 악한 사람을 만나면 괴롭습니다. 특히 직속 상사가 고약하면 그 괴로움은 이루 말할 수 없습니다. 누군가에게 괴롭다고 하소연했다가는 어떤 불이익을 당할지 모릅니다. 여러 통로를 통해 상사에게 전해질 것이기 때문입니다. 이럴 때 어떡해야 합니까? 먼저 나를 다스려야 합니다. 불평이 새어 나오는 입을 막아야 합니다. 그가 잘되는 것을 시기해서도 안 됩니다. 만일 악한 의도를 가진 직장 동료 때문에 내가 승진에서 자꾸 누락되어도 성경은 불평하지 말고 견디라고 합니다. 왜 그렇습니까? 불의하고 악한 방법으로 잘되는 일이 없기 때문입니다. 물론 당장은 그 불의가 드러나지 않아 승승장구하는 것 같습니다. 하지만 언젠가는 그의 악행으로 말미암아 풀과 같이 베임을 당할 것이고 채소같이 쇠잔해질 것입니다. 그러므로 악한 사람이 가는 길을 부러워하지 마십시오.

　눈에 보이지 않는 진실에 눈을 떠야 인간의 시간을 벗어나게 됩니다. 하나님의 시간을 살지 않으면 시기하고 불평하는 소리가 터져 나오게 되어 있습니다. 믿음이란 믿음의 눈을 떠서 믿음의 관점을 가지고 믿음의 시간을 사는 것입니다. 악한 시대를 이기는 첫 번째 기준을 놓치면 우리는 다시 인간의 시간으로 침몰되고 말 것입니다.

하나님을 의뢰하는 선

악한 시대를 이기는 두 번째 기준은 하나님을 믿고 선한 길로 가는 것입니다.

여호와를 의뢰하고 선을 행하라 땅에 머무는 동안 그의 성실을 먹을거리로 삼을지어다

선을 행하되 반드시 하나님 안에서 행해야 합니다. 하나님이 없어도 선하고 의롭게 사는 사람들이 있습니다. 그들은 윤리적이고 도덕적이어서 부도덕이나 불성실함을 못 견딥니다. 그러나 타인의 시선이나 자기 의 때문에 하는 경우가 많습니다. 제가 일본을 갈 때마다 느끼는 것은, 이들이 하나님을 믿지 않는데도 한국인들과 비교도 안 되게 정직하고 질서를 잘 지킨다는 것입니다. 얼마나 예의 바른지 모릅니다. 하지만 조금 더 그 사회에 들어가 보면, 전체가 짓눌려 있음을 알 수 있습니다. 온 사회가 무거운 짐을 지고 삽니다. 이것은 하나님을 의뢰하는 선함과는 차원이 다릅니다. 하나님을 의뢰한다는 것은 인간의 시간을 벗어나는 하나님의 놀라운 지혜입니다. 하나님 안에서 행하는 선은 자기 의로움에 근거하지 않습니다. 나를 드러내지 않는 삶이 되는 것입니다.

얼마 전 우리 교회 형제가 불의의 교통사고를 당해 하나님 나라

로 갔습니다. 그는 한 가정의 가장이었습니다. 전남 강진에 장례식장을 마련했다기에 우리 교회 성도 30여 명이 대형버스를 빌려서 그곳까지 갔습니다.

형제의 아내가 우리를 보고는 울음을 터뜨리더니 흐르는 눈물을 주체하지 못했습니다. 46세의 젊은 나이에 세상을 떠난 남편을 보내기가 쉽지 않았을 것이고, 어려운 장례 절차를 혼자 감당하려니 엄두가 나지 않았을 것입니다. 교회 성도들이 발벗고 나선 것이 큰 힘이 되었겠지요.

형제는 그동안 믿지 않는 어머니에게 복음을 전하고 싶었지만 뜻대로 되지 않았던 모양입니다. 그런데 75세의 어머니는 우리와 예배를 드린 뒤 그 자리에서 예수님을 영접했습니다. 영접기도를 드리며 "제가 죄인입니다"를 고백하는데 조금도 주저함이 없었습니다.

저는 형제의 어머니를 보면서 하나님 안에서의 죽음은 또 다른 생명의 잉태라는 것을 확인했습니다. 영생의 발걸음은 새 생명을 낳는다는 사실을 또 한 번 깨달았습니다.

동행한 성도들 중 일곱 명이 일손을 거들겠다며 장례식장에 남았습니다. 갈아입을 옷도 챙기지 못한 채 무작정 달려간 자매들의 불편이 이만저만 아니었을 것입니다. 그들을 보면서 저는 '이게 교회구나! 이게 공동체구나!' 하며 감동했습니다.

세상 사람들은 아무런 이해관계가 없는 사람을 위해 장례식장에 가지 않습니다. 더구나 하루 반나절을 달려야 닿는 장례식장까지 누가

선뜻 나서겠습니까? 설사 이해관계가 있는 사람이라도 그 먼 데까지 달려가기는 결코 쉽지 않습니다. 그러나 믿음 안에서는 아무런 이해관계가 없고, 아무리 멀어도 성령의 이끌림으로 달려가게 됩니다. 사랑하는 남편을 불의의 사고로 떠나보낸 그의 아내를 위로하라는 성령님의 권면에 이끌린 발걸음입니다. 이 걸음은 세상의 착한 걸음이 아닙니다. 도덕적이고 윤리적인 걸음도 아닙니다. 그냥 우리가 교회이고 우리가 예수님의 지체이기 때문에 예수님의 긍휼을 따라 간 걸음입니다. 그렇기에 어느 누구도 이것을 대단한 헌신이나 선행으로 여기지 않습니다. 동행하지 않은 사람을 향해 조금도 비난하지 않습니다.

이것이 하나님을 의뢰하는 선함입니다. 믿음 없이 선을 행하면 나중에 서운해집니다. 남이 알아주기를 바라고 그렇지 않으면 손해 본다는 생각이 듭니다. 그러나 우리가 하나님을 의뢰하고 선을 행하면 어떤 대가도 바라지 않고 아무것도 기대하지 않습니다. 그 자체가 보상이고 기쁨이기 때문입니다. 이럴 때 우리는 인간의 시간을 뛰어넘어 하나님의 시간을 살게 됩니다.

먼저 하나님을 기뻐하라

시 37:4
또 여호와를 기뻐하라 그가 네 마음의 소원을 네게 이루어 주시리로다

—

—

악한 시대를 이기는 세 번째 기준은 하나님을 먼저 기뻐하는 것입니다. 악한 사람들 속에서는 기쁨을 다 빼앗깁니다. 그럼에도 불구하고 악한 때에 기쁨을 누리는 삶을 살라고 하십니다.

느 8:10
여호와로 인하여 기뻐하는 것이 너희의 힘이니라

우리의 힘은 나를 기뻐하는 것에서 생기지 않습니다. 먼저 하나님을 기뻐하면 힘든 상황과 조건에서도 기뻐하게 되는 것입니다. 먼저 하나님을 기뻐하기로 결정하면 우리 마음 가운데 형언할 수 없는 기쁨이 솟아오르기 시작할 것입니다.

세상의 즐거움은 조건과 환경에서 옵니다. 그래서 환경과 조건이 바뀌면 즐거움도 사라집니다. 그러나 하나님을 기뻐하는 기쁨은 사라지지 않고 변질되지 않으며 영원합니다. 상황과 조건에 묶여 있는 시간이 아니기 때문에 언제든지 풀려나 하나님의 시간 안에서 기뻐할 수 있습니다. 이것이 악한 때를 이기는 하나님의 명령이고 하나님의 지혜입니다.

좋은 인간관계의 비결도 상대를 기뻐하는 것입니다. 우리는 사람을 볼 때 그가 나를 기뻐하나 기뻐하지 않나에 따라 그에 대한 호감도를 결정합니다. 우리는 사실 망가진 사람, 냄새 나는 사람, 탐욕이 가득한 사람을 기뻐할 수 없습니다. 그들까지 기뻐하는 비결은, 하나님께서 그들을 사랑하시고 그들이 하나님께로 돌아오기를 기다리신다

—

—

는 것을 아는 것입니다. 다시 말해 우리가 하나님께서 지으신 사람을 기뻐하는 것이 하나님을 기뻐하는 것입니다.

하나님을 기쁘시게 하는 기쁨을 모르면 인간관계의 본질을 놓칠 수 있습니다. 하나님은 우리가 인간을 소중히 대하며 긍휼을 베푸는 것을 기뻐하십니다. 인간을 이용하고 착취하고 학대하는 것을 절대 기뻐하시지 않습니다.

그런데 여기서 한 가지 사실이 놀랍습니다. 우리가 하나님을 기뻐할 때 하나님께서 우리의 소원을 이루시겠다고 약속하신 것입니다. 소원이 있습니까? 먼저 하나님을 기뻐하십시오. 소원을 이루셨습니까? 그때도 먼저 하나님을 기뻐하십시오. 하나님을 기뻐하는 것이 모든 소원을 이루는 시작입니다. 하지만 내 소원 때문에 하나님이 필요한 것이 아닙니다. 하나님을 기뻐해야 내게 가장 소중한 소원이 무엇인지를 알게 되고 그것을 품게 됩니다. 하나님을 기뻐해야 생명을 살리고 생명을 전하는 것이 인간의 진정한 소원임을 깨닫습니다. 하나님을 기뻐하면 정말 소원해야 할 것을 소원하게 되고, 이미 그 소원은 하나님 안에서 이루어지기 시작합니다.

하나님께 맡긴다는 것은

시 37:5-6
네 길을 여호와께 맡기라 그를 의지하면 그가 이루시고 네 의를

—

—

빛같이 나타내시며 네 공의를 정오의 빛같이 하시리로다

악한 때를 이기는 네 번째 지혜는 하나님께 맡기는 것입니다. 범사에 하나님을 의지하는 것이 바로 무거운 짐을 내려놓는 것입니다. 비행기에 오르려면 무거운 짐을 화물칸에 따로 맡겨야 합니다. 이게 여행의 기본입니다. 인생 여행도 그러하기에 예수님이 오라고 하십니다.

> 마 11:28
> 수고하고 무거운 짐 진 자들아 다 내게로 오라 내가 너희를 쉬게 하리라

주님은 쉼을 주시는 분입니다. 그런데 예수 믿는 우리가 쉼을 누리는 모습을 보이지 못하면 세상 그 누가 교회에 오겠습니까? "교회에 가면 헌금을 많이 요구하잖아요. 여러 힘든 훈련을 받아야 한다던데요?" 이게 다 짐입니다.

하나님께 맡긴다는 참된 의미는 무엇입니까? 하나님께 다 맡겼기에 이 땅에서 호의호식하며 편히 사는 것입니까? 하나님은 예수님께 모든 권세를 주셨지만 주님은 이 땅에서 게으르게 살지 않으셨습니다. 하나님께 다 맡기면 놀랍게도 하나님께서 도로 내게 주십니다. 이것이 서로 맡김입니다. 예수님은 하나님의 능력 하에 하나님의 이름으로 사셨습니다. 예수님이 편히 쉴 시간이 있었습니까? 휴가 가신 적이 있던가요?

—

—

하나님을 전적으로 신뢰한다는 믿음의 역설, 맡김의 역설을 우리가 모르면 세상 사람들에게 이해 못할 사람으로 낙인찍히게 됩니다. 불신자들이 제일 못 알아듣는 말이 무엇인지 아십니까? "너희들이 맡겼다고 이야기하는데 그러면 우리가 대신 일해야 하는 거 아니냐?"입니다. 하나님께 다 맡겼다는 것은 하나님을 의뢰하며 죽도록 일하고 나서 그 모든 결과를 하나님께 맡기는 겁니다. 그랬더니 하나님께서 다 이루시는 걸 경험하는 것입니다. 하나님께 맡겼다고 하고는 아무 일도 안 하는 건 맡긴 게 아닙니다. 하나님께 맡겼다 하고 게으름 피우는 것은 믿음이 없는 거예요. 제대로 안 맡긴 거죠. 맡긴 후에 하나님이 주시는 답을 못 받은 거예요. 정말 맡기는 사람들은 죽을 것처럼 일합니다. 그래서 불신자들의 눈에도 저 크리스천은 혼자 일하는 게 아니라 보이지 않는 누군가의 도움을 받아 일한다는 걸 알게 되는 것입니다. 이집트 사람이 요셉의 형통함을 보았듯 크리스천의 성실함과 놀라운 열심이 하나님에게서 온 것임을 알게 되는 겁니다. 마지막에 크리스천이 모든 영광을 하나님께 돌릴 때 그를 통해서 세상이 하나님을 알게 되는 것입니다.

하나님 앞이라서 침묵할 수 있다

시 37:7-8
여호와 앞에 잠잠하고 참고 기다리라 자기 길이 형통하며 악한 꾀

—

—

를 이루는 자 때문에 불평하지 말지어다 분을 그치고 노를 버리며
불평하지 말라 오히려 악을 만들 뿐이라

악한 때를 이기는 다섯 번째 하나님의 지혜는 침묵입니다. 악한 때를
사는 지혜 중에 침묵만 한 것이 없습니다. 견디는 것보다 귀한 것이 없
습니다. 하나님은 나를 온전히 아시기에 하나님 앞에서 침묵할 수밖에
없습니다. 침묵이 때로 더 큰 음성입니다.

사람들은 말이 많습니다. 뒷말이 무성합니다. 그래서 제가 아는
지혜로운 한 분은 사람들의 험담이 시작되면 조용히 화장실을 갑니다.
그 자리를 피해 버립니다. 말이 많은 시대, 변명과 설명이 많은 이 시
대에 잠잠하는 것이 능력입니다. 말할 수 있는 사람이 침묵하는 건 대
단한 능력입니다. 묵비권 행사가 아닙니다. 하나님께서 "잠잠하라. 내
가 다 안다. 네가 말하지 않아도 악인이 얼마나 악한지 다 안다"고 하
시기에 침묵할 수 있는 것입니다.

억울한 일을 겪었습니까? 침묵해 보십시오. 물론 어렵습니다. 그
러나 하나님이 다 아시므로 침묵할 수 있습니다. 하나님이 나보다 더
자세하고도 정확히 아시므로 침묵할 수 있습니다. 악한 사람들에게 이
런저런 반응을 보이는 것 자체가 악에 말려드는 것입니다.

주님은 분을 그치고 노를 버리라고 하십니다. 우리가 입을 여는
순간 악순환의 고리가 연결됩니다. 그래서 또 다른 악을 낳고 또 다른
불평을 일으킬 뿐입니다. 돈이 일만 악의 뿌리라면 불평은 일만 불행

—

—

의 원인입니다. 불평도 사실 분노의 일종입니다. 누군가 시종 투덜대면 주위 사람들이 피곤해집니다. 투덜대고 불평하는 사람과 같이 있으면 한 시간도 하루처럼 지칩니다. 마치 온몸으로 독기가 퍼지는 것 같습니다.

악한 자라도 긍휼로 품을 수 있다

시 37:9-11

진실로 악을 행하는 자들은 끊어질 것이나 여호와를 소망하는 자들은 땅을 차지하리로다 잠시 후에는 악인이 없어지리니 네가 그곳을 자세히 살필지라도 없으리로다 그러나 온유한 자들은 땅을 차지하며 풍성한 화평으로 즐거워하리로다

현실을 보면, 악을 행하는 자들이 끊어지기는커녕 더 잘되는 것 같아서 이 말씀을 곧이곧대로 받아들이기가 어렵습니다. 주님은 악인의 자손은 끊어지지만 의인은 땅을 차지한다고 말씀하십니다(시 37:28-29). 하나님이 현실을 모르고 하시는 말씀처럼 느껴집니까? "아이고 주님, 여호와를 소망하지 않는 자들이 땅을 다 차지하고 있습니다." 주님이 말씀하십니다. "잠시 후에는 악인이 없어지리니 네가 그곳을 자세히 살필지라도 없으리로다"(시 37:10). "아니에요, 주님. 눈을 뜨고 보면 의인은 없고 악인들만 있네요." 주님이 말씀하십니다. "온유한 자들은 땅

을 차지하며 풍성한 화평으로 즐거워하리로다"(시 37:11). "아니에요, 주님. 온유한 자들이 땅을 치고 슬퍼하고 있습니다."

왜 이런 생각이 안 들겠습니까. 이게 현실이고 실상 아닙니까? 우리가 잘 믿는다고 하지만 믿음 안에서 겪는 이런 문제는 무엇입니까? 우리가 하나님의 시간으로 돌아가지 않으면 해결되지 않는 문제입니다. 그래서 성경은 반드시 요한계시록까지 읽어야 합니다. 마지막 종말까지 알아야 성경 전체를 관통하기 때문입니다. 우리가 그 시간까지가 봐야 지금이 해석되고 그 시간까지 분명히 깨달아야 지금이 깨달아집니다.

계 21:1-2

또 내가 새 하늘과 새 땅을 보니 처음 하늘과 처음 땅이 없어졌고 바다도 다시 있지 않더라 또 내가 보매 거룩한 성 새 예루살렘이 하나님께로부터 하늘에서 내려오니 그 준비한 것이 신부가 남편을 위하여 단장한 것 같더라

이 땅이 없어지고 새 하늘 새 땅이 내 앞에 펼쳐진 것을 본다면 악인의 형통을 시기하고 불평하겠습니까? 유리바다 너머에 있는 보좌 앞에서 여러분들이 흰 옷을 입고 찬양하는 모습을 본다면 어떻게 죄 가운데 빠져서 땅의 시간만을 사는 사람들과 그렇게 암투하며 살 수 있겠습니까?

불의를 저지르는 자, 죄악에 빠진 자들이 어떻게 사는지 보십시다.

—

—

계 21:8

그러나 두려워하는 자들과 믿지 아니하는 자들과 흉악한 자들과 살인자들과 음행하는 자들과 점술가들과 우상 숭배자들과 거짓말 하는 모든 자들은 불과 유황으로 타는 못에 던져지리니 이것이 둘째 사망이라

우리는 죽으면 모두 부활합니다. 그런데 생명의 부활과 사망의 부활로 나뉩니다. 구원받은 사람은 한 번 죽고 두 번 삽니다. 그러나 구원받지 못하면 한 번 살고 두 번 죽습니다. 영원한 사망이 기다리고 있습니다. 이것이 둘째 사망입니다.

십자가는 이 둘째 사망으로부터의 구원입니다. 둘째 사망으로부터 벗어나기 위해 우리는 이 땅의 모든 것들을 버리더라도 아깝지 않게 살고 있는 것입니다. 다시는 이 땅의 시간에 연연하지 않는 것입니다. 고작 3년을 살다가 인생 전체를 마감하더라도 아깝지 않은 시간을 보내는 것이지요. 그러나 하나님의 시간을 놓치면 우리는 이 땅에서도 불안하게 살고 죄악 된 삶 가운데서 목줄에 끌려가듯 살다가 둘째 사망에 맞닥뜨리게 되는 겁니다.

우리가 악한 시대를 이길 수 있는 하나님의 지혜의 말씀에 전심으로 수긍할 수 있기를 바랍니다. 하나님의 시간을 살기로 결단하면 하나님의 말씀에 귀를 기울일 수밖에 없습니다. 하나님의 시간을 사는 것이란 곧 말씀에 붙들린 삶이고 말씀대로 사는 것이기 때문입니다. 말씀이 우리의 삶을 변화시키는 것을 보면 참으로 경이롭습니다. 말씀

이 교회를 교회되게 만드는 것을 보면 차라리 두렵고 떨리기까지 합니다.

이처럼 악한 때에 고난과 고통을 당한 중에도 불평하지 않고 하나님을 더욱 의지하며 하나님을 전심으로 기뻐하고 하나님께 맡기며 하나님 앞에서 침묵하기까지 말씀에 붙들린 삶이 되기를 기도합니다.

—

—

II

하나님과 인간의 시간 차이

우리는 왜 하나님과

다른 것을 보는가?

앞에서 저는 인간의 시간을 하나님의 시간으로 건져 올리는 것을 구원이라고 말했습니다. 또한 구원이란 죄로부터 건짐을 받는 것일 뿐만 아니라 이 땅의 시간을 살아가는 사람들을 영원한 시간으로 건져 올리는 시간의 자유, 시간의 해방이라는 것도 이야기했습니다. 시간의 해방을 조금 더 깊이 파고들다 보면 그 안에 시차 극복이라는 요소를 발견하게 됩니다.

저는 해외에 전화할 때면 반드시 현지 시간을 확인합니다. 제가 해외 특파원 시절에 시도 때도 없이 걸려 오는 전화 때문에 너무나 큰 고통을 겪었기 때문입니다. 가장 괴로운 전화가 새벽 1시에서 새벽 3시 사이에 오는 전화입니다. 그 시간이면 서울에 있는 동료들이 점심을 먹고 사무실로 돌아와 석간신문을 받아들 시간입니다. 제가 있던 워싱턴과 서울은 시차가 14시간 나는데 여름에는 서머타임제로 인해 15시간 납니다. 그들은 석간신문을 받아들고 빠진 기사나 못 보던 기사가 눈에 띄면 제게 곧바로 전화를 했습니다.

그러면 저는 깊은 잠에 빠졌다가도 전화벨이 울리는 순간 총알처럼 뛰어 나가 전화를 받았습니다. 아내와 아이들까지 잠에서 깰까 염려해서입니다. 이런 일이 거의 매일 반복되니까 너무 고통스러워 "제발 새벽 1시부터 4시까지는 잠 좀 자게 해달라"고 사정했지만 소용없었습니다. 한번은 다른 언론사 특파원이 하도 괴로워서 "정말 못해 먹겠구먼!" 하고 동료에게 투덜거리자 당장에 이런 대꾸가 돌아왔다고 합니다.

"못하겠으면 들어와. 여기 나가고 싶은 사람이 줄을 섰어."

왜 이 시차가 그토록 고통스러웠겠습니까? 때를 헤아리지 않는 사람들 때문이었습니다. 내 시간만 중요할 뿐 남의 시간을 배려하지 않는 태도 때문이었습니다. 이쪽 시간이 다급한 나머지 저쪽 시간을 문제 삼지 않는 사람들 때문이었습니다.

우리는 예수님이 맹인을 고쳐 주신 이야기를 통해서 어떻게 시간 차이를 극복할 수 있는지, 이 땅의 시간에서 어떻게 하나님의 시간으로 살아갈 수 있는지 추적하고자 합니다. 이 이야기를 통해 인간의 시간과 하나님의 시간 차이, 구원받은 백성과 구원받지 못한 백성의 시간 차

—

—

이, 그리고 어떻게 시차를 극복하게 하시는지 살펴보기 바랍니다.

무엇을 보는가?

_{요 9:1}
예수께서 길을 가실 때에 날 때부터 맹인 된 사람을 보신지라

예수께서 지금 길을 가십니다. 예수님은 집 안보다는 집 밖에 계실 때가 많았고, 앉아 계실 때보다 걸어 다니실 때가 많았습니다. 또한 한 곳에 머무르실 때보다 어딘가를 향해 걸으실 때가 많았습니다.

사람마다 길을 걸으며 바라보는 것이 다 다릅니다. 글을 배우기 시작한 아이들은 간판 읽기에 여념이 없습니다. 사춘기 소녀들은 떨어지는 빗방울이나 짙은 먹구름, 지는 해, 속살거리는 잎새와 가을바람에 지는 낙엽을 오랫동안 바라봅니다. 청춘들은 지나가는 이성에 시선을 빼앗깁니다. 직장인들은 상사들의 얼굴 표정을 살피느라, 또 일하고 보고서를 만들고 검토하느라 눈이 쉴 새가 없습니다.

이처럼 그가 무엇을 보느냐를 알면 그의 관심이 어디에 있는지 알게 됩니다. 예수님은 어디에 관심이 있으십니까? 길을 걸을 때 어디를 주시하십니까?

예수님은 한 맹인을 응시하고 있습니다. 그냥 스치듯이 본 것이 아닙니다. 찬찬히 뜯어보듯 살피십니다. 예수님 주위에는 늘 사람들이

북적거렸고 소란스러웠습니다. 제자들만 예수님을 따라다닌 것이 아니라 이런저런 사람들이 마치 수행하듯 따라다녔습니다. 소문을 듣고 예수님을 만나러 나온 사람들도 많았습니다.

제자들은 누구를 보고 있을까요? 지금 누가 예수님을 따르고 있나, 알 만한 얼굴은 없나, 유능한 사람이 없나, 부자는 없나 하며 주변을 살폈을 겁니다. 그러나 지금 예수님은 가장 연약하고 병들고 어쩌면 제일 약한 맹인을 찬찬히 보고 계십니다. 우리는 이 장면을 통해서 예수님과 제자들이 바라보는 시각과 대상이 다르다는 것을 발견하게 됩니다. 이게 문제입니다. 예수님을 따라다닌다고 자연스럽게 예수님이 바라보는 것을 볼 수 없는 노릇입니다. 예수님 곁에 있지만 제자들과 예수님의 관점은 다를 수 있습니다.

교회를 다니지만 성도들이 다 같은 것을 봅니까? 진정한 교회라면 예수님이 보는 것을 바라보아야 합니다. 내가 보고 싶은 것, 내가 원하는 것이 아니라 예수님이 보시는 것, 예수님의 마음이 있는 곳을 함께 바라보아야 합니다. 그래서 교회는 놀라운 곳입니다. 하지만 현대 교회가 세상 사람들이 바라보고 추구하는 것을 같이 추구하기에 신기해 보이지 않는 것입니다. 우리는 높은 곳을 바라보길 좋아하지만 예수님은 낮은 곳을 바라보십니다. 우리는 유명한 사람, 인기 있는 사람을 좋아하지만 예수님은 병든 사람, 사람들의 주목을 받지 못하는 사람, 낮은 곳에 있는 사람, 연약한 사람을 바라보십니다. 우리는 아흔아홉 마리의 양 떼를 중요하게 바라보지만 예수님은 우리 밖에서 헤매고 있는 한 마리 양에게 애틋한 마음을 가지십니다. 이게 우리의 딜레마이고 예수님과 우리의 차이입니다.

왜 이런 관점의 차이가 생겼을까요? 다른 시간을 살기 때문입니다. 예수님은 지금 하나님의 시간을 살고 있는 중이고 제자들은 땅의 시간 속에서 사람들 사이를 걷고 있는 것입니다.

요 9:2
제자들이 물어 이르되 랍비여 이 사람이 맹인으로 난 것이 누구의 죄로 인함이니이까 자기니이까 그의 부모니이까

예수님이 한 맹인을 주목하시는 것을 보고 제자들이 얼른 눈치를 챘습니다. 예수님이 무슨 일을 하시려는지 궁금했습니다. 제자들은 그가 맹인으로 태어난 까닭이 궁금해 예수님께 질문했는데, 이는 당시 사람들은 장애를 죄로 여겼기 때문입니다(출 20:5, 34:7). 본인이나 부모의 죄 때문에 병이나 장애를 얻었다고 생각했고, 그 죄는 3~4대까지 이어진다고 여긴 것입니다. 제자들의 이 질문은 매우 중요한 단서를 우리에게 제공합니다.

첫째, 예수님을 따르는 제자들의 관점이 여전히 세상적이라는 것입니다. 예수님을 따른다는 것은 관점이나 시각이 예수님을 기준으로 삼는다는 건데 우리는 여전히 세상이 보는 대로 보고, 세상이 평가하는 방식대로 평가합니다. 제자들은 저 맹인이 보통 사람들보다 더 많은 죄를 지었기 때문에 보지 못한다는 일반적이고 통속적인 관점에서

—

—

벗어나지 못했습니다.

둘째, 제자들이 맹인의 고통을 공감해서 한 질문이 아니라는 사실입니다. 이 질문은 맹인이 예수님께 물을 수는 있지만 제자들이 물어야 할 질문은 아닙니다. 누군가가 겪는 고통에 대해 이런 식으로 질문하는 것은 아무런 도움이 되지 않습니다. 타인의 고통을 공감하지 못하면, 고통의 원인을 따지는 데 주력하게 됩니다. 그러나 예수님은 고통 그 자체를 공감하고 있습니다.

요 9:3

예수께서 대답하시되 이 사람이나 그 부모의 죄로 인한 것이 아니라 그에게서 하나님이 하시는 일을 나타내고자 하심이라

예수님은 놀랍게도 모든 사람들이 생각하는 방식과 전혀 다른 관점을 내놓습니다. 저 맹인의 불행은 본인이나 부모의 죄 때문이라고 굳게 믿고 있는 보편적 시각을 완전히 뒤집어서, 하나님께서 행하시는 일을 드러내고자 하신다고 새롭게 규정해 주시는 것입니다. 이게 믿음의 시각이고 예수님의 관점입니다. 또한 이것이 하나님의 시간을 사는 우리의 관점이어야 합니다.

우리는 이해할 수 없는 고통 가운데 있는 사람들에게 뭔가 잘못이 있을 거라 생각합니다. 욥의 세 친구가 그런 태도와 관점을 가지고 있었습니다. 이해할 수 없는 불행, 쉽게 동정할 수 없는 어려움을 겪는 사람들에게 많은 사람들이 이런 태도로 접근하지 않습니까? "이유 없

—

—

이 신문에 이름이 났겠어? 아니 땐 굴뚝에 연기 나겠어?" 우린 고통을 이런 관점으로 바라보아서는 안 됩니다. 예수님은 맹인의 고통을 공감하시며 하나님이 행하시는 일을 드러내려는 것이라고 새롭게 규정하셨습니다. 이 말씀은 곧 하나님께서 이 일에 개입하셔야 한다는 것입니다. 언제요? 지금 이 시간, 이때, 이게 하나님의 시간이라는 것입니다.

그냥 지나가도 그만, 모른 척해도 그만, 내버려둬도 그만일 수 있습니다. 맹인으로 태어났는데 무슨 대책이 있겠습니까? 그러나 예수님은 행인으로 만난 그의 고통의 깊이를 들여다보셨고 그 고통을 같이 느끼셨기 때문에 이 일에 개입하길 원하십니다. 그래서 하나님이 하시는 일을 나타내기 위한 사건이라고 말씀하시는 겁니다.

누가 맹인인가?

요한복음 9장은 예수님이 자신이 누구인지를 가르치신 8장 말씀을 다시 풀어서 설명하는 말씀입니다. 예수님은 초막절에 예루살렘에 올라가셔서 "나는 세상의 빛이다"라고 선포하셨습니다. 예수님은 세상의 어둠을 몰아내기 위해 오셨습니다.

요 8:12
예수께서 또 말씀하여 이르시되 나는 세상의 빛이니 나를 따르는 자는 어둠에 다니지 아니하고 생명의 빛을 얻으리라

—

—

이 말씀을 하시기 전에 8장 앞부분을 보면 간음하다가 현장에서 붙들려 온 여인 이야기가 나옵니다. 예수님은 이 여인을 대중에게서 구하시며 '다시는 죄 짓지 말라'고 하셨습니다. 그리고 이어서 나오는 사건이 9장 맹인을 만난 이야기입니다. '나는 세상의 빛'이라고 선포하셨던 예수님의 말씀이 마치 주석을 다는 것처럼 맹인 이야기를 통해서 이어지고 있는 것입니다. 예수님은 빛으로 오셨기 때문에 어둠 속에 있는 인간을 빛 가운데로 인도하시는 일을 하십니다. 그런 의미에서 보면 이름도 기록되지 않은 한 맹인이 눈을 뜨는 사건은 예수님께서 어쩌면 우리처럼 본다고 하나 사실은 보지 못하는 맹인들의 눈을 뜨게 하기 위한 전조적, 예시적 사건이라고 할 수 있습니다.

우리 모두는 죄로, 탐욕과 성공으로, 나의 행복으로 눈이 멀었습니다. 더 큰 문제는 자신이 맹인인 줄 모르는 사람입니다. 어둠 속에 다니지만 어둠 속인지를 모르는 것입니다.

어둠은 어둠을 좋아합니다. 어둠은 어둠에 익숙합니다. 어둠은 빛을 싫어하고 빛을 가장 부담스러워 합니다. 본능적으로 빛을 피합니다. 큰 바위를 들어 보십시오. 그 밑에 있던 벌레들이 소스라치게 놀라 다시 어둠 속으로 달아납니다. 죄는 빛을 보면 놀라서 몸을 감춥니다.

예수님은 그런 죄인들에게 오셨습니다. 빛보다 어둠을 더 사랑하는 사람들의 눈을 뜨게 할 목적으로 오셨습니다.

예수님은 한 맹인의 눈을 뜨게 하십니다. 그런데 고치시는 방법이 독특합니다. 누구의 죄 때문이냐고 묻는 제자들 앞에서 예수님이

—

—

바닥에 침을 뱉습니다. 침으로 진흙을 이겨 맹인의 눈에 바르고 실로
암 연못에 가서 씻으라고 하십니다. 그냥 말만 하셔도 될 텐데 굳이 진
흙을 발라 눈을 뜨게 하시는 것입니다. 누군가 이 맹인을 인도하여 실
로암으로 데려갔을 것입니다. 정말 눈을 뜨는지 궁금한 여러 사람들과
제자들이 뒤를 이었을 것입니다.

예수님은 이 맹인을 통해 눈을 뜨는 과정을 보게 하십니다. 실로
암은 '보냄을 받았다'는 뜻으로 예루살렘에서 가장 낮은 곳입니다. 실
로암 물로 눈을 씻기 위해서는 무릎을 꿇고 바닥에 엎드려야 합니다.

눈을 뜨기 위해서는 예수님이 가라는 곳으로 가야 합니다. 내가
원하는 곳에서는 눈뜨기 어렵습니다. 가장 낮은 곳에 가면 예수님이
계십니다. 그곳에서 자세를 낮추고 허리를 굽히고 무릎을 꿇어야 합니
다. 뻣뻣이 서서는 눈을 못 뜹니다. 땅에 엎드려야 합니다. 바로 예배
를 드리는 모습 아닙니까?

예수님이 맹인의 눈을 뜨게 하신 데는 두 가지 목적이 있습니다.
하나는 어떻게 해야 눈을 뜰 수 있는지를 알려 주기 위함입니다. 낮
은 곳으로 가야 눈을 뜰 기회가 더 많습니다. 왜 예수님을 못 만납니
까? 왜 내 눈앞의 예수님이 안 보입니까? 더 높은 곳을 바라보고 있어
서 그렇습니다. 더 낮은 곳으로, 더 어렵고 연약한 곳으로 갈 때 우리
의 눈을 뜰 기회가 점점 많아집니다. 그래서 선교지에 아웃리치를 가
서 변화되었다는 사람이 많습니다. 왜 도시에서 못 만나는 예수님을
선교지에 가서 만납니까? 어린아이나 소외된 사람, 가난한 사람만 만났

지만 예수님이 거기 계시다는 것을 왜, 어떻게 발견할 수 있을까요? 그동안 보지 못하던 눈이 열렸기 때문입니다. 그렇습니다. 우리는 본다고 하나 보지 못하는 사람들입니다. 우리는 안다고 하나 알지 못하는 사람들입니다. 얼마나 많은 욕심과 탐욕에 눈이 가려져 있습니까?

사도 바울이 다메섹에서 눈이 멀었습니다. 그는 사흘 동안 눈이 먼 채로 있다가 눈에서 비늘이 벗겨지는 경험을 하게 됩니다. 예수님은 우리의 눈이 뜨이기를 원하십니다. 이 사역이 바로 예수님의 일입니다.

지금은 낮이다

요 9:4

때가 아직 낮이매 나를 보내신 이의 일을 우리가 하여야 하리라 밤이 오리니 그때는 아무도 일할 수 없느니라

예수님이 지금 이 일을 하는 까닭은 아직 낮이기 때문이라고 하십니다. 낮 시간에 하나님의 일을 감당해야 한다는 것입니다. 곧 밤이 와 어둠이 닥칠 것이기 때문입니다. 예수님이라는 빛이 있기 때문에 어둠이 물러나 있습니다. 그렇기에 지금은 하나님의 시간이고 하나님의 일이 가능하다는 말씀입니다. 예수님을 만났다는 건 예수님의 일이 시작되었다는 뜻입니다. 예수님을 따른다는 것은 예수님의 빛 가운데로 걸

어간다는 뜻이고, 그렇기에 어둠이 쫓겨나는 일들이 생기는 것입니다. 본다고 하나 실은 보지 못하는 사람들의 눈을 뜨게 하는 일이 하나님의 일이고, 그걸 위해서 예수님은 맹인의 눈을 먼저 뜨게 해주신 것입니다.

예수님의 빛이 임하여 삶이 달라진 경험이 있습니까? 그 사실을 늘 기억하기 바랍니다. 어두운 데서 불러내어 기이한 빛에 들어가게 하신 이의 아름다운 덕을 선포(벧전 2:9)하기 위해 우리가 살아가는 것입니다.

예수님은 지금 낮이라고 하시지만 바리새인들은 이때를 어떻게 봅니까? 동일한 시간을 살아가지만 바리새인의 관점과 예수님의 관점이 다릅니다. 이 사건으로 예수님은 또 논쟁에 휘말리게 됩니다. 인간의 시간을 사는 바리새인들이 안식일에 왜 이런 일을 하느냐고 따지고 든 것입니다.

> 요 9:16
>
> 바리새인 중에 어떤 사람은 말하되 이 사람이 안식일을 지키지 아니하니 하나님께로부터 온 자가 아니라 하며 어떤 사람은 말하되 죄인으로서 어떻게 이러한 표적을 행하겠느냐 하여 그들 중에 분쟁이 있었더니

이 말씀에서 인간의 시간과 하나님의 시간 사이의 시차가 읽혀집니까? 바리새인들에게 안식일이 규정을 지켜야 하는 시간이라면, 안식

의 주인이신 예수님에게 안식일은 회복해서 안식을 누려야 하는 시간입니다. 바리새인들이 영원에 관심이 있고 하나님의 관점과 시간으로 살았다면 맹인이 눈뜬 것을 같이 기뻐했을 것입니다. 하지만 그들은 왜 안식일에 환자를 고치느냐며 시비를 걸었습니다. 바리새인들의 관심이 안식일 규정을 어기는 사람을 찾는 데 있다면, 예수님의 관심은 인생의 안식을 잃어버린 사람들을 찾는 데 있습니다. 이것이 동일한 시간을 살아가나 하나님께 속한 사람과 세상에 속한 사람이 그리는 다른 궤적입니다. 하나님께 속한 사람은 세상의 관점과 다르기에 늘 곤혹스러운 일을 겪습니다. 이런 세상을 향해 주님은 이렇게 말씀하십니다.

> 요 9:39-41
>
> 예수께서 이르시되 내가 심판하러 이 세상에 왔으니 보지 못하는 자들은 보게 하고 보는 자들은 맹인이 되게 하려 함이라 하시니 바리새인 중에 예수와 함께 있던 자들이 이 말씀을 듣고 이르되 우리도 맹인인가 예수께서 이르시되 너희가 맹인이 되었더라면 죄가 없으려니와 본다고 하니 너희 죄가 그대로 있느니라

눈먼 사람이 무슨 죄를 짓겠습니까? 그들이 살인을 하겠습니까, 절도를 하겠습니까? 맹인들 중에도 탁월하게 사신 분들이 많습니다. 강영우 박사는 맹인이었지만 참으로 아름다운 생애를 살았습니다. 그는 실명으로 숱한 고난을 당했지만 신앙으로 장애를 극복했으며, 장애인과

—

—

비장애인이 더불어 살아가는 세상을 만들기 위해 유엔과 백악관에서 섬겼습니다. 헬렌 켈러의 생애는 어떻습니까? 앤 설리번 선생을 만나 빛 가운데로 함께 걸어가지 않았습니까? 패니 크로스비는 수천 곡의 찬송시를 남겼습니다. 그녀는 말년에 "세상을 보지 못하고 살았지만 세상 사람들이 볼 수 없는 것을 보고 살았다"고 고백했습니다.

사실 더 큰 문제는 제대로 본다고 굳게 믿는 사람들입니다. 눈을 뜨고 살지만 볼 걸 못 보고 사는 사람들 그리고 안 봐도 그만인 것만 골라 보면서 온갖 죄를 짓는 사람들입니다. 예수님은 이 사람들의 눈을 뜨게 하고 보아야 할 것을 보게 하는 것이 하나님의 일이라는 사실을 알려 주십니다.

요 9:5
내가 세상에 있는 동안에는 세상의 빛이로라

예수님이 계신 동안에는 세상의 빛이라니, 무슨 뜻입니까? 지금은 낮이라는 뜻입니다.

낮에는 잘 넘어지지 않습니다. 어둠 가운데 다닐 때 넘어지기 쉽지 빛 가운데 있는 사람은 부끄러운 일을 하지 않습니다. 그러나 어둠 속에 있을 때 사람들의 눈을 피해 부끄러운 짓을 합니다.

예수님이 나사로를 살리러 가시려 할 때 제자들은 유대인들이 돌을 들고 길목을 지키고 있다며 가지 말라고 만류합니다. 그때 예수님이 하신 말씀도 '지금은 낮이다'였습니다.

—
—

예수께서 대답하시되 낮이 열두 시간이 아니냐 사람이 낮에 다니
면 이 세상의 빛을 보므로 실족하지 아니하고 밤에 다니면 빛이
그 사람 안에 없는 고로 실족하느니라

여기서 한 가지 사실을 발견합니다. 밤에 다니면 넘어지는 이유가 사
람 안에 빛이 없기 때문이라는 것입니다. 이로써 사람들 사이에서 문
제가 생기는 이유가 분명해졌습니다. 우리는 모두 어둠이기 때문입니
다. 어둠끼리 의논해 봐야 누가 더 어두운지를 따지는 것밖에 되지 않
습니다.

예수님은 가룟 유다에게 기회를 주셨지만 그는 어둠 속으로 들어
가고 말았습니다. 어둠이 본질인 인간은 빛을 싫어합니다. 빛은 우리
안에 없습니다. 빛은 밖에서 와야 합니다. 예수님이 우리의 빛이십니
다. 예수님은 못 본다고 시인하고 어떻게든 눈뜨기를 갈망하는 사람의
눈을 뜨게 하십니다.

예수님이 계신 시간이 낮입니다. 낮 시간에는 본다고 하나 못 보
는 사람들의 눈을 뜨게 해야 합니다. 그들과 시시비비를 가리고 논쟁
해 봐야 소용없습니다. 그들의 눈을 뜨게 하는 것이 가장 시급합니다.

예수님이 쓰시는 사람은 빛 가운데를 걸어가는 사람입니다. 이들
이 보내지는 곳은 어둠입니다. 어둠에 필요한 것이 빛이기 때문입니다.

여러분은 지금 낮입니까, 밤입니까? 우리는 아마 죽는 날까지 대
낮같이 환한 시간을 살게 될 것입니다. 여기가 낮일 때 지구 반대편은

—

—

시차 때문에 밤일 것입니다. 그러나 예수님 안에서는 이런 시차는 순식간에 사라집니다. 예수님이 빛이기 때문입니다. 예수님의 제자들 중 가장 먼저 순교한 야고보가 이 빛을 놀랍게 정의합니다.

약 1:17

> 온갖 좋은 은사와 온전한 선물이 다 위로부터 빛들의 아버지께로 부터 내려오나니 그는 변함도 없으시고 회전하는 그림자도 없으시니라

이 빛의 특징은 그림자가 없다는 것입니다. 보통 빛이 짙으면 그림자도 짙게 마련이지만 예수님의 빛은 그림자가 없습니다. 크리스천의 삶은 바로 이 빛의 시간입니다. 내 안의 어둠이 물러나고 환하게 밝히는 빛의 시간, 이 시간이 하나님의 시간, 영원의 시간입니다.

지금은 낮입니다. 지금은 빛이 비추는 시간입니다. 그러나 곧 어둠의 시간이 찾아올 것입니다. 눈을 감아야 할 시간이 다가오고 있습니다. 그러나 이미 영의 눈을 떴고 그림자 없는 빛과 동행하고 있습니다. 때가 아직 낮이니 우리 모두 빛 가운데로 걸어가면서 눈을 뜨고 있으나 어둠 속에서 고통 받고 있는 사람들을 찾아가 위로하며 이 빛의 시간으로 초청할 수 있기를 바랍니다.

우리가 빛 가운데 있는 것을 기뻐하는 것도 좋지만 어둠 속에 있는 사람을 이 기이한 빛으로, 절망의 시간을 살아가는 사람을 소망의 시간으로, 크로노스의 시간밖에 모르는 사람에게 카이로스의 시간으

로 초대하는 것이 세상의 어떤 일보다 큰 기쁨이 되기를 바랍니다.

12

소명과 시간

인생을 무엇으로

결산할 것인가?

우리는 한 해를 마무리할 때쯤이면 다사다난했다고 말합니다. 일도 많고 어려움도 많았지만 우리는 누구나 하나님의 은혜로 살 수 있었다고 고백할 수밖에 없는 존재입니다.

한 해를 결산할 때가 있듯이 일생을 결산할 때가 있습니다. 기업이라면 한 해를 결산하면서 부담과 기대가 교차할 것입니다. 공연을 앞둔 음악가라면 그동안 준비하고 연습한 노고가 평가 받는 기분일 것입니다. 우리 인생은 어떤 결산을 맞게 될까요?

달란트 비유는 열 처녀 비유와 더불어 마지막 때를 어떻게 준비할 것인가를 알려 줍니다. 마지막 때를 살아가는 시간에 관한 지혜를 이 말씀을 통해 얻게 되기를 바랍니다.

각자에게 주신 달란트가 다르다

마 25:14-15
또 어떤 사람이 타국에 갈 때 그 종들을 불러 자기 소유를 맡김과

—

—

236

같으니 각각 그 재능대로 한 사람에게는 금 다섯 달란트를, 한 사람에게는 두 달란트를, 한 사람에게는 한 달란트를 주고 떠났더니

이야기는 주인이 종들에게 각각 다른 분량의 달란트를 맡겼다는 데에서 시작합니다. 여기서 우리가 주목해야 할 부분은 '주인이 맡겼다'는 것입니다. 이는 하나님이 주인이라는 뜻입니다. 하나님이 주셨다는 것을 우리가 아는 게 믿음입니다.

인생의 많은 문제가 어디서 비롯되는지 아십니까? 하나님이 주셨다는 것을 잊어서 생깁니다. 인간의 갈등은 내 것과 내 것이 아닌 것의 소유 그 경계선상에서 일어납니다. 경계선상에서 늘 갈등과 다툼과 어려움이 생깁니다.

과연 이 세상에 내 것이 있습니까? 그토록 애지중지하는 돈이 내 것입니까? 내 수중을 거쳐 갈 뿐 영원히 내 것은 아닙니다. 목숨처럼 소중히 여기는 건강이 내 것입니까? 아프고 나면 내 것이 아닌 줄 깨닫게 됩니다. 갖고 싶어서 안달복달하는 인기가 내 것입니까? 어느 순

—

—

간 신기루처럼 사라집니다. 그럼 생명이 내 것입니까? 불시에 찾아오는 죽음과 대면하면 거품처럼 사라집니다. 모두 잠시 내 수중에 왔다가 연기처럼 사라지는 것들입니다.

그래서 신앙이란 '모든 것은 내 것이 아니며 내가 잠시 맡고 있을 뿐'이라는 고백입니다. 하나님께서 모든 것을 주셨으며, 비록 지금은 내 수중에 있을지라도 하나님이 언제든지 거두어 가실 수 있다는 걸 아는 것이 신앙입니다. 이것이 분명하면, 우리는 집착하지 않게 되고 소유의 무게에 눌리지 않으며 헛된 탐욕에서 벗어나게 됩니다. 자유해지는 것입니다.

어떤 사람이 동남아시아에서 사업을 하는데 날로 번창해서 부자가 되었습니다. 그러자 주변의 시선이 점점 싸늘해지고 사나워졌습니다. 그러던 어느 날 이분이 권총을 든 강도들의 위협을 받고 죽을 고비를 넘겼습니다. 그 후 그는 생명이 자기 것이 아님을 깨닫고 소유를 나누어야겠다고 생각했습니다. 그런데 문득 강도들하고 나눠야겠다는 마음이 들어서 그들을 그 집의 경비병으로 고용했습니다. 얼마 전까지 자기 목숨을 노리던 사람들이 이제는 자기를 지켜 주는 사람으로 변한 것입니다. 하지만 강도에서 경비병이 된 사람들이 주인을 지킨다고 하다가 마음을 돌이켜 버리면 그만입니다. 언제든 주인을 위협해 그의 재물 전부를 앗아 갈 수도 있습니다. 그런데 놀랍게도 그런 그들과 한 공간에서 생활하자 이분은 오히려 내 시간, 내 목숨, 내 모든 것이 주님의 것이라는 고백을 하게 되었다고 합니다.

—

—

하나님이 지켜 주시지 않으면 아무것도 지켜지지 않습니다. 우리는 내 시간 내 목숨이 주님의 것이라는 사실을 기억하고 늘 하나님 우선순위로 시간과 생명을 배분해야 합니다. 그때 주님은 상상할 수 없는 은혜로 우리를 거두실 것입니다.

달란트 비유에서 우리가 주목해야 할 두 번째는, 하나님이 각자에게 주신 분량이 다르다는 것입니다. 하나님은 각자에게 가장 적절한 분량을 주셨습니다. 사람들은 그 사람의 형편이나 능력과 상관없이 똑같이 나누는 것을 공평이라 생각하지만, 하나님의 공평은 각자의 분량에 맞게 주시는 것입니다. 갓난아기에게는 젖을 주고, 환자에게는 죽을 주고, 건강한 사람에게는 밥을 주는 것이 공평입니다. 하나님의 공평과 정의를 모르면 일생 비교에 시달리고, 불만과 비난에 끌려다닙니다. 열등감과 우월감 사이를 오락가락합니다.

우리가 이걸 극복하지 못하면 신앙의 길이 아니라 종교의 길을 가게 됩니다. 왜냐면 종교는 하나님을 바꾸는 노력이기 때문입니다. "나도 다섯 달란트 주세요. 저 사람한테 있는 것 나에게도 주세요" 하며 그것 가지고 씨름하느라 인생을 다 보냅니다. 그렇기 때문에 신앙은 하나님을 바꾸고자 하는 노력이 아니라 하나님이 주신 것에 합당하게 사는 의지요 결단입니다. "나는 주신 것에 맞추어 살겠습니다. 내 분량대로 살겠습니다." 이게 우리의 신앙입니다.

하나님은 사람을 천차만별로 지으시고 구별하셔서 각자에게 선을 허락하신 분입니다. 우리 모두 얼굴도, 성격도 다 다릅니다. 이것이

—

—

차별일까요? 아닙니다. 공평입니다. 다 다르게 지어졌는데 왜 타인의 외모를 따르겠다고 손을 댑니까? 모든 것은 하나님에게서 왔습니다. 하나님은 실수가 없으십니다. 어떻게 생겼든지 간에 나는 실수로 만들어진 게 아닙니다. 그런데 사람은 이 천차만별을 차별과 거절로 이해합니다. 여기서 인간의 불행과 비극이 시작됩니다. 인간의 분별력이란 이처럼 죄를 향해 있습니다. 죄는 인간에게 베푸신 하나님의 선을 악으로 바꾸기를 즐겨 합니다. 그러나 하나님은 인간의 악을 선으로 바꾸는 일을 하십니다.

세 번째 주목할 것은, 맡겼기에 책임이 따른다는 것입니다. 소명이란 이 책임의 자각입니다. 책임의식이 소명입니다. '이 일을 내게 맡기셨구나, 이 사람을 내게 맡기셨구나'라는 생각이 점점 강하게 들면 그게 곧 소명입니다.

누구는 어린아이들만 보면 안쓰러워합니다. 누구는 가족을 잃은 사람만 보면 울컥합니다. 누구는 북녘 땅을 생각하면 가슴이 미어집니다. 누구는 아프리카에서 기아로 죽어 가는 사람들 얘기만 들으면 가슴이 울렁거립니다. 하나님이 각각의 사람에게 소명으로 주신 마음입니다. 그래서 그 소명에 따라 충성스럽게 일하면 됩니다. 높은 자리에 오르려고 하지 마세요. 책임이 무거워집니다. 중요한 것은, 주신 것에 대한 결산을 할 때가 있다는 겁니다.

마 25:16-18

다섯 달란트 받은 자는 바로 가서 그것으로 장사하여 또 다섯 달
란트를 남기고 두 달란트 받은 자도 그같이 하여 또 두 달란트를
남겼으되 한 달란트 받은 자는 가서 땅을 파고 그 주인의 돈을 감
추어 두었더니

여기서 달란트는 재물입니다. 돈입니다. 재능입니다. 또한 소명입니
다. 나아가 권한과 책임입니다. 하나님이 쓰라고 주신 것이 돈이면 그
것으로 장사를 하라는 것입니다. 음악적 재능을 주셨으면 음악하라는
것이고, 체력의 재능을 주셨으면 운동하라는 것입니다.

　다섯 달란트 받은 사람과 두 달란트 받은 사람은 곧바로 나가서
장사를 했습니다. 그런데 하나님이 맡기면서 이렇게 저렇게 하라고 정
해 주셨나요? 아닙니다. "반드시 사업만 해라", "반드시 배우가 되라"
고 하시지 않았습니다. 하나님이 재능, 재물, 건강 등 다양한 달란트를
주시면서 놀랍게도 그걸 사용할 자율권을 허락하셨습니다. 저는 여러
분이 묶여 살지 않기를 바랍니다. 딱 여기에만 쓰라고 하시지 않았다
는 말입니다. 많은 선택권과 넓은 범위를 허락하셨습니다. 그러면 남
기는 게 말씀의 포인트일까요? 아닙니다. 종들이 결산 보고를 할 때
오고간 대화를 통해 무엇이 요점인지 살펴보겠습니다.

—

—

마 25:19
오랜 후에 그 종들의 주인이 돌아와 그들과 결산할새

꽤 많은 시간이 흘렀습니다. 여기 '오랜 후에'라는 말의 원어를 보면 긴 크로노스 후에 주인이 왔다는 것입니다. 카이로스의 시간은 어떨까요? 카이로스로 보면 주인이 간 적도 없고 온 적도 없습니다. 늘 함께 하고 있습니다. 그런데 여기서 참으로 중요한 것을 발견하게 됩니다. 하나님은 각자에게 달란트를 주시면서 그것을 사용할 시간도 함께 주신다는 사실입니다. 재능을 발휘할 시간을 주신다는 뜻입니다. 이것이 인생의 비밀입니다. 우리는 하나님이 나에게 아무것도 준 것이 없다고 말할 수 없습니다. 그걸 찾아내야 하는 겁니다. 달란트가 없다고 생각하는 사람은 남의 달란트만 바라보다 인생을 허비합니다. 하나님은 사람을 그렇게 창조하지 않으셨습니다. 천차만별이기 때문에 그걸 찾아내야 하는 겁니다.

하나님은 주시지 않고서 책임을 묻는 분이 아닙니다. 또한 하나님은 달란트 없이 시간만 주시지도 않습니다. 우리가 크로노스의 시간, 즉 인간의 시간 속에 있다는 것은, 하나님으로부터 일이 주어졌다는 것이고, 그 일을 해야 할 책임과 소명이 주어졌다는 뜻입니다. 인간의 시간 안에 하나님의 일이 있습니다. 그러므로 "저는 요즘 할 일이 없습니다"라고 말해선 안 됩니다. 하나님의 시선으로 바라보면 반드시 할 일이 있게 마련입니다.

10년 이상 일한 회사에서 정리해고를 당한 사람이 있었습니다.

—

—

242

처음엔 배신감 때문에 힘이 들었습니다. 그러나 곧 남는 게 시간이니 누군가를 돕자고 마음먹었습니다. 그러다 우연히 아웃리치를 가자는 제안을 받았고 난생처음 단기선교를 떠났습니다. 회사에 다닐 때는 너무 바빠서 다른 사람한테까지 신경 쓸 여유가 없었지만 이제는 주변 사람들과 환경을 찬찬히 살피게 되었고, 그러자 해야 할 일이 여기저기서 발견되었습니다. 그중에서도 짐을 챙기고 짐을 옮기는 일이 자기가 가장 잘할 수 있는 일이라는 것을 알았습니다. 그래서 그는 매번 짐을 챙기고 들어서 옮기는 일에 최선을 다했습니다. 정말이지 마음과 목숨과 뜻을 다해 섬겼습니다.

그런 그를 눈여겨본 사람이 있었습니다. 성실하고 헌신적인 그를 자신의 형이 경영하는 회사에 임원으로 추천했고, 그는 아웃리치를 다녀온 지 얼마 안 돼 그 회사 임원으로 취직했습니다.

이것이 흘러가는 시간을 건져 올리는 비결입니다. 얼마든지 게으를 수 있는데 열심을 다하는 것이 시간의 혁명이고, 무성의하게 할 수 있는 일을 정성을 다해 하는 것이 시간을 건지는 일입니다.

달란트 비유의 결론은 무엇입니까? 주인은 반드시 돌아와 결산을 요구합니다. 여기 '결산'이라고 번역된 헬라어 단어는 뜻밖에도 '로고스'입니다. '로고스'는 흔히 '말씀'으로 번역되는데, 사실 이 단어만큼 그 의미가 폭 넓은 단어도 드뭅니다. 사도 요한은 로고스를 이성적이고 지적인 헬라인들에게 예수 그리스도를 선포하는 단어로 택했습니다. 로고스는 보편적으로 인간의 이성과 정신, 사상을 표현하는 단어로 사용되었습니다. 또한 사람의 말이나 이야기, 논리로 설명되기도 하고, 어떤 원리나 기준, 셈에 비춰서 설명된 것, 즉 결산을 뜻하기도 합니다.

결산이란 따지고 보면 결국 주인 앞에서 설명하는 일 아닙니까? 로고스적 개념에서 보면, 때가 되면 반드시 우리 인생을 셈을 통해서 설명해야 할 때가 이른다는 것입니다. 이 시간을 항상 기억해야 합니다. 그게 종말론적 관점에서 살아가는 법이자 삶을 긴박하게 사는 방법입니다. 결코 조급하거나 서두르자는 이야기가 아닙니다. 결산할 때가 있다는 것, 마지막 설명을 해야 할 때가 있다는 것을 기억해야 시간을 아끼며 살 것입니다.

누구나 마지막을 모릅니다. 내일 갈지 모레 갈지 아무도 모릅니다. 그래서 날마다 설명할 수 있는 준비가 되어 있어야 합니다. 이게 성령 충만입니다. 날마다 성령 충만할 때 당당하게 주저함 없이 설명할 수 있을 것입니다. 성령 충만이 하나님이 원하시는 시간 사용법입니다.

빈익빈 부익부의 하나님 나라

마 25:20-23

다섯 달란트 받았던 자는 다섯 달란트를 더 가지고 와서 이르되
주인이여 내게 다섯 달란트를 주셨는데 보소서 내가 또 다섯 달란

—

—

트를 남겼나이다 그 주인이 이르되 잘하였도다 착하고 충성된 종
아 네가 적은 일에 충성하였으매 내가 많은 것을 네게 맡기리니
네 주인의 즐거움에 참여할지어다 하고 두 달란트 받았던 자도 와
서 이르되 주인이여 내게 두 달란트를 주셨는데 보소서 내가 또
두 달란트를 남겼나이다 그 주인이 이르되 잘하였도다 착하고 충
성된 종아 네가 적은 일에 충성하였으매 내가 많은 것을 네게 맡
기리니 네 주인의 즐거움에 참여할지어다 하고

이제 주인의 결산이 시작됐습니다. 다섯 달란트 받은 자가 장사를 해
서 다섯 달란트를 남겼다고 보고합니다. 그러자 주인이 칭찬합니다.
"잘했다. 선하고 신실한 종아, 네가 적은 일에 충성하여 믿을 만하니
많은 일을 맡기겠다. 나와 함께 기뻐하자." 이어서 두 달란트 받은 종
이 두 달란트를 더 남겼다고 결산을 합니다. 그러자 주인이 다섯 달란
트 받은 종에게 한 칭찬을 똑같이 합니다. "잘했다. 선하고 신실한 종
아, 네가 적은 일에 충성하여 믿을 만하니 많은 일을 맡기겠다. 나와
함께 기뻐하자." 다섯 달란트 남겼거나 두 달란트 남겼거나 주인은 똑
같이 칭찬합니다.

그런데 여기서 우리의 갈등이 시작됩니다. 다섯 달란트 남긴 사
람과 두 달란트 남긴 사람이 왜 똑같이 평가 받는가 하는 것입니다. 주
인의 관심은 남긴 이익의 규모에 있지 않습니다. '착하고 충성된 종아'
라는 부름에 핵심이 있습니다. 하나님은 얼마를 남겼느냐가 아니라 얼

—

—

마나 선하고 신실한 삶을 살았느냐를 중요하게 여기신다는 말씀입니다. 그러니 만약 다섯 달란트 남긴 사람이 사업을 했다가 그 해 유독 경기가 나빠서 적자가 났다고 하면 그가 돌아왔을 때 하나님이 문제 삼으시겠습니까? 횡령한 것도 아니고 최선을 다해서 비즈니스를 했는데 "넌 해고다" 이렇게 말씀하시겠습니까? 아닙니다. 만일 두 달란트 가진 사람이 길을 가다 강도 만나 피 흘리는 사람을 만났다고 합시다. 선한 사마리아인 이야기가 생각나서 그를 데리고 응급실 가서 처치하고 병원에 입원시키고 병원비까지 주었기에 돈을 다 썼다면 주인이 그를 비난하겠습니까?

주인은 종에게 주신 달란트를 선하고 신실한 목적에 맞게 썼는지를 물으십니다. 그랬기에 "내가 앞으로 많은 것을 또 맡길 것이다. 너는 나의 기쁨에 동참하라"고 하십니다. 여기에 기쁘게 사는 비결이 있습니다. 주님이 주신 목적에 합당하게 살면 기쁨은 그냥 솟게 되어 있습니다. 내게 기쁨이 없으면 인생 전체의 방향이 빗나가고 있는 것입니다. 선하고 신실하게 사는 사람이 우울증에 시달릴 수는 없습니다. 그러니 우울의 원인이 무엇인지 잘 알아야 합니다. 왜 내가 주인의 즐거움에 참여하지 못하고 기쁨을 맛보지 못하는지를 알아야 합니다.

자, 그러면 한 달란트 받은 사람은 무엇이 문제입니까? 이 사람은 주인에게 이렇게 말합니다.

마 25:24-25
한 달란트 받았던 자는 와서 이르되 주인이여 당신은 굳은 사람이

—

—

라 심지 않은 데서 거두고 헤치지 않은 데서 모으는 줄을 내가 알

았으므로 두려워하여 나가서 당신의 달란트를 땅에 감추어 두었

었나이다 보소서 당신의 것을 가지셨나이다

이 사람의 문제가 보통 심각한 게 아닙니다. 이 사람은 주인이 굳은 사
람, 즉 엄격하고 대단히 딱딱한 사람이라고 인식하고 있습니다. 심지
않은 데서 거두는 사람으로 알고 있습니다. 그는 주인을 대단히 오해
하고 있습니다. 이 사람의 가장 큰 문제는 주인이 어떤 것을 기대하고
맡겼는지조차 모른다는 겁니다. 인생의 주인이 누군지 모르고 사는 비
극이 어디 있습니까. 주님이 어떤 목적으로 내게 맡기셨는지 모르고
사는 것이 가장 큰 불행입니다. 게다가 이 사람은 주인을 두려워합니
다. 그래서 달란트를 땅에다 감추었다가 다시 파서 가지고 왔습니다.
주인이 무엇이라 합니까?

마 25:26
그 주인이 대답하여 이르되 악하고 게으른 종아 나는 심지 않은

데서 거두고 헤치지 않은 데서 모으는 줄로 네가 알았느냐

앞의 두 사람과 한 달란트를 받은 종의 극명한 대조는 무엇입니까?
'착하고 충성된 종아'와 '악하고 게으른 종아'입니다. 착하고 게으른
사람이 있을까요? 그런 사람 없습니다. 우리가 잘 보아야 합니다. 게으
른 사람 중에는 착한 사람이 없습니다. 부지런한데 악한 사람은 많습

—

—

247

니다. 근면한데 선한 사람도 있습니다. 그런데 게으르면 악한 사람밖에 없습니다.

'게으르다'는 것을 놓치면 우리는 자칫 방황하기 쉽습니다. 기다리는 것과 게으른 건 다릅니다. 기다리는 것은 적극적인 의지입니다. 그런데 게으른 것은 그것과 상관없이 크로노스의 시간을 흘려버리고 떠내려 보내는 일입니다. 그래서 하나님은 게으름에 대해서 굉장히 중요한 말씀을 하십니다. 잠언에 보면 게으름에 관한 말씀이 참 많습니다.

> 잠 10:26
> 게으른 자는 그 부리는 사람에게 마치 이에 식초 같고 눈에 연기 같으니라

> 잠 15:19
> 게으른 자의 길은 가시 울타리 같으나 정직한 자의 길은 대로니라

> 잠 20:4
> 게으른 자는 가을에 밭 갈지 아니하나니 그러므로 거둘 때에는 구걸할지라도 얻지 못하리라

> 잠 21:25
> 게으른 자의 욕망이 자기를 죽이나니 이는 자기의 손으로 일하기를 싫어함이니라

성경은 인생의 마지막 때를 살아가면서 시간을 나태하게 흘려보내며 게으르게 사는 게 얼마나 심각한지 알려 줍니다. 게으름은 방탕과 사

촌지간입니다.

마 25:27-28

그러면 네가 마땅히 내 돈을 취리하는 자들에게나 맡겼다가 내가
돌아와서 내 원금과 이자를 받게 하였을 것이니라 하고 그에게서
그 한 달란트를 빼앗아 열 달란트 가진 자에게 주라

이게 영적 원리입니다. 하나님은 나태하고 게으르고 악한 사람의 시간
을 빼앗아 착하고 신실한 사람에게 주신다는 것입니다. 교회에서 누구
에게 부탁을 합니까? 제일 바쁜 사람에게 합니다. 바쁜 사람한테 부탁
하면 일을 늦추는 법이 없다고 합니다. 게으른 사람한테 부탁하면 제
시간에 일을 끝내는 것을 못 봅니다. 그러므로 힘들더라도 일을 부탁
받는 사람이 되기를 바랍니다.

우리는 언젠가 주님 앞에 '제 시간을 이렇게 썼습니다' 하고 설명
할 때가 옵니다. "어렵고 힘든 시간들이 많았지만 하나님이 주신 시간
을 신실하게 사용했습니다. 선한 목적으로 살았습니다" 하면 그때 하
나님께서는 이 시간을 건져 올리셔서 카이로스의 시간으로 편입시켜
주십니다. 구원받은 백성이란 그런 것입니다.

많은 사람들이 영적 빈익빈 부익부에 대해서 불만이 많을 겁니
다. 사회 정의에도 반한다고 말할 것입니다. 사회 정의를 주장하는 사
람들은 다섯 달란트 받았으니 나머지 세 달란트를 돌려 달라고 합니
다. 두 달란트 남긴 사람에게선 한 달란트를 뺏자 합니다. 그렇게 해서

한 달란트 가지고 있는 사람에게 한 달란트를 얹어 주자 합니다. 이건 사회 정의에 관한 또 다른 이야기이지 영적 세계의 원리는 아닙니다. 내가 크로노스의 한 시간을 드렸더니 카이로스의 몇 시간이 주어지는 게 영적 비밀입니다. 그래서 가난해지는 것이 아니라 신앙이 더 부유해지는 삶을 살게 됩니다.

　　인간의 잣대와 셈법으로 살아 봐야 나중에 그 시간이 어디로 갔는지 흔적도 없습니다. 그러나 하나님께서 허락하신 방법대로 살면 주님께서 마지막 결산할 때에 "착하고 충성된 종아 내가 네게 더욱 신실한 것으로 맡겨 주리라" 하십니다.

마 25:29-30
　　무릇 있는 자는 받아 풍족하게 되고 없는 자는 그 있는 것까지 빼앗기리라 이 무익한 종을 바깥 어두운 데로 내쫓으라 거기서 슬피
　　울며 이를 갈리라 하니라

한 달란트를 땅에 묻었다가 가져온 사람에게 주인이 한 질책에서 우리는 '게으름이란 주신 것을 흘지 않는 것'임을 배웁니다.

　　언젠가 해외 관광지에 갔다가 케이블카를 타고 산 정상에 올랐습니다. 느지막한 시간에 오른 터라 내려가려면 서둘러야 했습니다. 그런데 늑장을 부리다 그만 막차를 놓치고 말았습니다. 케이블카를 타면 5분이면 내려올 길을 한 시간이나 걸어서 내려오는데 어찌나 힘들던지요.

—
—

다행히 산이야 힘도 들고 시간도 걸리지만 어떻게든 내려오게 됩니다. 그러나 우리가 돌아가야 할 하늘은 내 힘으로는 못 갑니다. 하나님의 시간에 접속되고 편입되어야만 갈 수 있습니다.

주인이 시간을 재고 계십니다. 시간의 케이블카를 보내 주시고 마지막 열차편이 임박했음을 알려 주십니다. 크로노스의 시간 열차에서 카이로스의 시간 열차로 옮겨 타야 할 시간이 많지 않습니다. 주인은 그 시간 동안 해야 할 일도 다 알려 주셨습니다. 그리고 티케팅하는 법도 알려 주셨습니다. 크로노스의 마지막 시간을 사는 긴박감과 신실함이 카이로스의 시간으로 접속하는 길입니다.